Henri J. M. Nouwen

Schöpferische Seelsorge

Henri J. M. Nouwen

Schöpferische Seelsorge

Mit einem Vorwort von
Rolf Zerfaß

Übersetzung aus dem Englischen
von
Bernardin Schellenberger

Herder
Freiburg · Basel · Wien

Titel der Originalausgabe:
Creative Ministry

Doubleday & Company, Inc., Garden City, New York

Umschlagbild: Ausschnitt aus einem Glasfenster
von Heinz Hindorf. Foto: Wolfgang Müller

Printed in Germany

Herstellung: Freiburger Graphische Betriebe 1989
ISBN 3-451-21544-6

Vorwort zur deutschen Ausgabe

Im September 1979, in einem book-shop auf dem Universitätsgelände in Chicago sprang mir zunächst nur der Titel in die Augen: „Creative ministry". Von Henri Nouwen hatte ich bis dahin noch keine Zeile gelesen. So konnte ich auch nicht ahnen, daß dieses Taschenbuch die kostbarste Mitgift war, die ich über den großen Teich mit nach Hause nehmen sollte.

Auf den ersten Blick sieht es aus wie eine der tausend Handreichungen zur Seelsorge, die wir seit dem ersten „manuale pastorum" aus dem 15. Jahrhundert kennen. Da ist vom Unterrichten und von der Predigt die Rede, vom Zuhören, von den Leitungsaufgaben und vom Gottesdienst. Aber die Sprache ist anders. Hier werden keine Konzilstexte und keine Paragraphen des Kirchenrechts bemüht, um einmal mehr einzuschärfen, was alles (über das Bisherige hinaus und ganz anders als bisher oder genauso wie bisher) zu tun ist – als wüßten wir das nicht längst. Hier wird nicht von dem gesprochen, was wir müssen und sollen, sondern von dem, was wir können und nicht mehr können; von dem, was uns unterschwellig irritiert und langfristig verdrossen macht, weil wir es nicht zu packen kriegen oder weil es immer wieder heruntergespielt und mit großen Worten zugedeckt wird.

Hier wird es zugelassen, angeschaut, beim Namen genannt, in das Gesamt menschlicher Mühsal eingeordnet – und ruhig in das Licht des Evangeliums gerückt, in den Horizont der unabgegoltenen Verheißungen Gottes. Ganz unaufdringlich lädt uns Henri Nouwen ein, die

Tatsachen zu nehmen, wie sie sind, aber ihnen nicht das letzte Wort zu lassen. Das letzte Wort gehört Gott, der diese Welt geschaffen hat und sie in der Macht seines schöpferischen Geistes – trotz unserer Fehleinschätzungen und Fehlinvestitionen – beharrlich erneuert. Wo? Überall auf der Welt, wo wir diesem Schöpfergeist Raum geben – also auch beim Unterrichten und Predigen, Organisieren und Feiern, mit dem es Seelsorger und Seelsorgerinnen zu tun haben.

Wo sonst, wenn nicht auch dort – vorausgesetzt, wir betrachten nicht als selbstverständlich erreichbares Arbeitsziel, was in Wahrheit reines Geschenk ist: daß der Funke der Freude überspringt; daß ein Gottesdienst zu tiefer Stille und Sammlung findet; daß uns Menschen ohne Scham daran teilnehmen lassen, wie es in ihrem Leben wirklich aussieht. Das alles ist ja überhaupt nicht selbstverständlich in unserer Welt. Also auch nicht in der Seelsorge. Sie ist keine Sonderwelt mit besonderen Problemen und besonderen Menschen. Sie besitzt kein Dauerabonnement auf Seelenfrieden und unfallfreies Fahren. Sie steht nicht unter Gottes besonderem Segen. Sie steht unter dem Segen Gottes, der dieser Welt gilt.

„Gott hat die Welt erschaffen, nicht die Religion" (Franz Rosenzweig). Seelsorger und Seelsorgerinnen müssen sich entscheiden, ob sie der Welt oder der Religion dienen wollen. Wenn sie der Welt dienen wollen, die Gott liebt, obwohl sie ist, wie sie ist, dann müssen sie lernen, diese Welt in Gottes Namen an sich heranzulassen, auch in sich selber ohne Angst zuzulassen. Dazu leitet Henri Nouwen an – nicht damit wir darin aufgehen, sondern damit die Welt in uns, zwischen uns neu werden kann. „Was nicht angenommen ist, kann nicht erlöst werden" (Irenäus von Lyon). So geschieht kreative, schöpferische Seelsorge.

Kreativ ist ja nicht, wer ständig seine Mitmenschen mit sog. kreativen Ideen überrumpelt: Schüler, Gottesdienstbesucher, Kranke, Mitarbeiter. Kreativ ist, wer mit den Situationen, in die er gerät (weil er mit all diesen Menschen Kontakt sucht) und die sich dann unter der Hand ganz anders entwickeln, als er sich das vorher zurechtgelegt hat, so weich und so achtsam umgeht, daß sie freisetzen können, was jenseits aller vorgefaßten Ideen von Gott her in ihnen steckt, „was kein Auge gesehn und kein Ohr gehört, was keines Menschen Herz je ersonnen hat, was aber Gott denen bereitet hat, die ihn lieben" (1 Kor 2,9).

Seelsorge ist nicht dazu da, einzubleuen, was alle längst gesehen und schon tausendmal gehört haben, sondern dazu, Auge und Ohr aufzuschließen für den Gott, dessen letztes Wort in der Bibel lautet: „Seht, ich mache alles neu" (Offb 21,5). Wo und wann tut er das? Jetzt oder nie. In den Situationen, in denen wir langsam lernen, immer genauer hinzuhören, was einer erzählen will oder wonach er fragt; durch die Gelassenheit, mit der wir abzuwarten lernen, bis alle verstanden haben, worum es geht, und wissen, ob sie wirklich mitmachen wollen; durch die langsam wachsende Ehrfurcht vor fremden Lebensentscheidungen und die langsam wachsende Gewißheit, mit der eigenen Lebensgeschichte versöhnt zu sein. Das alles kann sich ja in der Seelsorge ereignen – wenn wir aufhören können, die andern herumzuschieben und zu manipulieren, zu beschwichtigen oder zu ängstigen, weil uns die Erfahrung zuteil wurde, daß Gott längst anwesend ist, wo wir auf den Plan treten; daß er uns in denen begegnet, zu denen er uns sendet; daß er uns, wenn wir uns nur aufrichtig aufeinander einlassen, hinreichend deutlich macht, was an der Reihe ist, durch uns getan zu werden – weil wir es wirklich tun können.

Schöpferische Seelsorge ist eine entkrampfte Seelsorge. Sie wird langsam frei von den Ängsten, die vielen älteren Seelsorgern ein schlechtes Gewissen machten, wenn sie ihrem Gewissen folgten; sie vermag auch die Überanstrengung zu entkrampfen, in die heute viele jüngere Seelsorger und Seelsorgerinnen geraten, die sich mit immer neuen Methoden und Zusatzqualifikationen für die Seelsorge auszurüsten bemühen – als hätte David den Goliath mit der Waffenrüstung besiegt, die Saul ihm umschnallte, und nicht mit fünf glatten Steinen aus dem Bach (vgl. 1 Sam 17,38–50).

Schöpferische Seelsorge – das ist kein neuer pastoraler Slogan, kein neues Erfolgsrezept. Das ist eher der leise (entschiedene, auch schmerzliche) Abschied von den Slogans und Erfolgsrezepten in der Pastoral. Es ist der Versuch, auch in der Seelsorge mit Gott zu rechnen: im Unterricht, bei der Predigt, im Beratungsgespräch, im Gottesdienst. Das ist eigentlich schon alles. Der Rest ergibt sich von selbst – und ist immer eine Überraschung: „Dies hat der Herr vollbracht; vor unseren Augen geschah dieses Wunder" (Ps 118,23).

Rolf Zerfaß

Inhalt

Zweites Kapitel
Mehr als das Wiederholen einer alten Geschichte
Über das Predigen

Drittes Kapitel
Mehr als fachmännische Lebenshilfe
Über die Einzelseelsorge

Fünftes Kapitel
Mehr als das Vollziehen trostvoller Rituale
Über das Feiern

Einführung
Seelsorge – mehr als die Ausübung eines Berufs

In diesem Buch möchte ich vor allem zeigen, daß es bei der Seelsorge einen inneren Zusammenhang gibt zwischen der beruflichen Tüchtigkeit und dem eigenen geistlichen Leben. Durch eine ganze Anzahl sehr konkreter Erfahrungen und Ereignisse bin ich zunehmend auf dieses Thema aufmerksam geworden. Ich fange am besten damit an, eines meiner Erlebnisse zu beschreiben. So kann ich gleich anschaulich zeigen, um was es mir in den folgenden Kapiteln geht.

Vor kurzem war ich mit einer kleinen Gruppe von Seelsorgern zusammen. Ein Gemeindepfarrer benutzte die Gelegenheit, um in dieser Runde ausführlich von seinem Krankenbesuch bei einer sechsundzwanzigjährigen verheirateten Frau zu berichten, die an der schlimmen Hodgkinschen Krankheit* litt.

Der Priester, ein sehr intelligenter Seelsorger, war sich der Tatsache bewußt, daß diese junge Frau nie mehr aus dem Krankenhaus kommen und wahrscheinlich binnen Jahresfrist sterben würde. Er wollte den Bericht über seinen seelsorglichen Besuch der Gruppe unterbreiten, weil er Rat suchte, wie er seiner Pfarrangehörigen in den bevorstehenden schweren Monaten wirksam helfen könne.

Er beschrieb die junge Frau als eine Frohnatur, einen sehr offenen Menschen mit Sinn für Humor, als ein We-

---

* Eine heimtückische Erkrankung der Lymphknoten und -gefäße (Anm. d. Übers.).

sen voller Lebensmut. Teile seiner Unterhaltung mit ihr hatte er wortwörtlich aufgezeichnet, soweit er sie in der Erinnerung hatte festhalten können, und er schloß mit dem Eingeständnis, während des Besuchs sei er sehr unsicher gewesen und er habe die Frau mit einem Gefühl des Unbehagens und Ungenügens allein in ihrem Krankenzimmer zurückgelassen.

Wir besprachen in allen Einzelheiten den Verlauf seines Besuchs. Vom Gespräch zwischen dem Priester und der Kranken hatten wir den Eindruck, es stelle den langen und gequälten Versuch dar, der Tatsache aus dem Weg zu gehen, daß eine recht attraktive junge Frau bald sterben müsse. Das Gespräch der beiden hatte sich um die Krankenschwestern gedreht, um das Essen, um die Schmerzen, ums Schlafenkönnen und die Schlaflosigkeit, und zum großen Teil darum, was die junge Frau alles vorhatte, wenn sie endlich wieder zu Hause sein würde. Offensichtlich war sich der Geistliche selbst fast gar nicht dessen bewußt gewesen, daß er das Wesentliche ausgeklammert hatte. Erst nachdem er seinen Bericht selbst immer wieder durchgelesen hatte, war ihm aufgegangen, was wirklich abgelaufen war, und bei der Diskussion mit seinen Kollegen wurde ihm deutlich, daß er dieser Frau vermutlich viel besser hätte helfen können, wenn er ein bißchen mehr Ahnung von der Seelsorge an Sterbenskranken gehabt hätte.

Aber dann stellte ganz überraschend einer aus der Gruppe der Priester die Frage: „Sag mal – hältst du dir eigentlich vor Augen, daß auch *du* sterben wirst, zwar nicht unbedingt schon im Lauf des nächsten Jahres, aber jedenfalls auch ziemlich bald?“ Mit einem Mal verstummte die ganze Diskussion über seelsorgliche Fertigkeiten; alle schwiegen eine ganze Weile. Dann sagte der Priester: „Ich glaube nicht – ich glaube, ich drücke mich mehr als diese junge Frau davor, vom Sterben zu sprechen. Vielleicht möchte ich nicht, daß sie mich an mein eigenes Sterbenmüssen erinnert ..."

Diese Antwort gab unserer „fachlichen" Diskussion eine dramatische Wende. Sie machte uns deutlich darauf aufmerksam: wer einem todgeweihten Patienten einen wirklichen Seelsorgsdienst erweisen will, ist dazu erst in der Lage, wenn er es fertiggebracht hat, seinem eigenen Tod ins Auge zu schauen und von seiner christlichen Lebenseinstellung her eine Beziehung zu dieser unleugbaren Wirklichkeit zu entwickeln. Von da aus war es nicht weit zu der Einsicht, die Frage nach effektiver Seelsorge stehe in tiefem innerem Zusammenhang mit der Frage nach dem geistlichen Leben des Seelsorgers selbst.

Das ist nur eines von vielen Beispielen, die mich zur Einsicht gebracht haben, daß zur Berufsausbildung der Seelsorger unbedingt eine gründliche Einführung ins geistliche Leben gehört. Wollte man beides voneinander trennen, so würden früher oder später im Leben eines Seelsorgers sowohl sein fachliches Können als auch sein persönliches inneres Leben darunter leiden.

Wahrscheinlich müssen wir sagen, daß das zunehmende Auseinanderklaffen zwischen Fachausbildung und Spiritualität einer der Hauptgründe für die vielen Frustrationen, Leiden und Enttäuschungen im Leben zahlreicher christlicher Seelsorger ist. Dieses Auseinanderklaffen ist recht verständlich, wenn man sich näher ansieht, wie sich die Ausbildung der Theologen in den letzten zwei Jahrzehnten entwickelt hat.

Die meisten Konvikte und Seminare haben den festen Rahmen geistlicher Übungen abgeschafft, der bislang den Alltag der Priesteramtskandidaten strukturiert hatte. Den Studenten waren feste Betrachtungszeiten, das gemeinsame Verrichten langer Gebete und regelmäßige

Gottesdienste verpflichtend vorgeschrieben, denn all das wurde als wesentliches Element jenes heiligmäßigen Lebens betrachtet, auf das sie bedacht sein sollten. Mit Nachdruck wurde betont, einzig ein solches intensives Gebetsleben könne den einzelnen vor den vielen Gefahren der Welt draußen schützen, und kein Seelsorger könne auf lange Sicht fruchtbar wirken, wenn er sich nicht treu an die Übungen halte, die Generationen von Seelsorgern zu Halt und Stütze in ihrem betriebsamen Leben verholfen hatten.

Aber die Zeiten haben sich geändert, das Leben der Seelsorger ist neuen Ansprüchen und Arbeitsweisen ausgesetzt, und immer weniger ist noch eine Beziehung festzustellen zwischen den vielen Stunden voll frommer Übungen und den täglichen Sorgen im Leben einer Pfarrei. Die Seelsorger haben das herkömmliche Gebetsleben zunehmend als eine Flucht in die Sicherheit einer fragwürdigen Innerlichkeit empfunden, als Sich-Drükken um die brennenden Fragen, die das Gewissen der Christen beunruhigen und sie zu phantasievollem Einsatz herausfordern sollten. Sie sagten sich: „Wir können nicht länger die Augen schließen und uns schönen und erbaulichen Betrachtungen über Gott und seine Geheimnisse hingeben. Nein, es ist wichtiger, die Augen offen zu halten für die zunehmend drängenderen Bedürfnisse der Menschen um uns herum. Welchen Sinn hat es, unsere Zeit mit ziemlich langweiligen und fruchtlosen Stunden der Meditation und Kontemplation zu füllen, wenn wir es besser dafür benützen könnten, uns in den Fertigkeiten und Techniken ausbilden zu lassen, die notwendig sind, damit wir unseren Mitmenschen wirksam helfen können?" Kein Wunder also, daß Kirchen und Hauskapellen immer weniger Anziehungskraft und Seelenführer immer weniger Zulauf hatten und daß sich statt dessen das Interesse auf Berufspraktika in Krankenhäusern, Gefängnissen, Pfarreien und speziellen Großstadtprojekten verlagerte.

Zugleich gab es eine andere Entwicklung. Ein Lied davon können jene Seelsorger singen, die jahrelang voll in den Aktivitäten, Problemen und Sorgen des Alltagslebens ihrer Gemeinden oder ihrer Nachbarschaft aufgegangen sind. Sie sahen sich vor ungeheuer vielfältige Aufgaben gestellt, in unzählige Arten von Aktivitäten verwickelt, begegneten den unterschiedlichsten Menschen, lernten ein breites Spektrum von Problemen kennen – und mitten in all dem stellte sich ihnen mit zunehmender Schärfe die Frage: Wie ist mein Leben mitten in diesem Wirrwarr noch auf einen Nenner zu bringen? Wie kann ich als Mensch, der derart vielfältigen und widersprüchlichen Anstößen ausgesetzt ist, noch mein Selbstsein und meine persönliche Ganzheit wahren? Viele dieser Männer haben sich in ihren täglichen, oft sehr anspruchsvollen Seelsorgstätigkeiten derart verausgabt, daß sie sich leer, erschöpft, übermüdet und recht oft auch enttäuscht vorkommen. Diese Ermüdung strapaziert sie besonders deshalb, weil sie selten ausdrücklichen Dank erfahren, weil selten irgendein Fortschritt zu verzeichnen ist, weil Ergebnisse selten augenfällig werden. Selbst wenn man die Fähigkeiten eines guten Seelsorgers und Ratgebers besitzt und mit Erfolg auf die Bedürfnisse von einzelnen und Gruppen eingehen kann; selbst wenn man die Qualifikationen besitzt, in allen sozialen Angelegenheiten fachkundig beschlagen zu sein, bleibt die brennende Frage offen: „Was treibt mich eigentlich zu all dem an? Woher nehme ich die Kraft, alle meine vielfältigen Aktivitäten von einer inneren Mitte her zu bewältigen? Wie kann ich eine solche Stärke finden, daß ich wie Paulus mitten in allen Wechselfällen und Schicksalsschlägen mit mir selber eins bleibe, dank eines unerschütterlichen Glaubens an Christus, und zwar als den Gekreuzigten?"

Also zurück zu regelmäßigen Gebetszeiten? Mehr Zeit der Schriftlesung widmen? Der Betrachtung und den Zeiten der Stille mehr Raum geben? Einkehrtage halten? Exerzitien machen? Das haben viele versucht, aber sie sind sich dabei verlassen vorgekommen. Es war, als hätten sie gesagt: „Wenn ich Gott nicht mitten in meiner Arbeit finden kann – dort, wo meine Anliegen und Sorgen, meine Schmerzen und Freuden liegen –, dann hat es auch nicht viel Sinn, ihn in den Freistunden am Rand meines Lebens zu suchen. Wenn mein geistliches Leben nicht mitten in meinem Seelsorgsdienst wachsen und sich vertiefen kann – wie soll es dann an seinen Rändern jemals richtig wachsen?"

Alle, die ihr Leben als Christen in den Dienst der Seelsorge stellen wollen, werden zunehmend auf solche Fragen gestoßen, die sie über das Fragen nach beruflichen Fertigkeiten hinausführen. Zweifellos braucht heute jemand, der Seelsorger werden will, eine sorgfältige Vorbereitung, und das nicht nur in der Hinsicht, daß er Gottes Wort kennen und begreifen lernen muß: nein, er braucht auch eine Ausbildung darin, Gottes Wort an die Menschen in vielfältiger Form zu vermitteln. Wie Ärzte, Psychologen, Psychiater und Sozialarbeiter bestimmte Fertigkeiten erlernen müssen, um ihren Mitmenschen wirksam helfen zu können, so kann auch ein Priester oder Seelsorger seine Aufgabe nur in verantwortlicher Weise erfüllen, wenn er in den Grunddiensten seines Berufs wie Predigen, Unterrichtgeben, Einzelseelsorge, Organisation und Gottesdienstfeiern die notwendige Spezialausbildung erfahren hat. Pastorale Bildungsstätten haben vielen Priestern und Seelsorgern die erforderliche fachmännische Vorbereitung geboten und ihnen viele Möglichkeiten aufgezeigt, ihren Dienst zufriedenstellender, sinnvoller und effektiver zu versehen.

In den vergangenen Jahren haben die Seelsorger sich vor allem darum gekümmert, ihren Rang im breiten Spektrum jener Berufe zu finden, die im Dienst am Menschen stehen: dennoch drängt sich ihnen mit zunehmender Schärfe die Frage auf: „Gibt es in unserem Beruf etwas, was über das rein Berufsmäßige hinausgeht? Ist Seelsorge nur eines von vielen Angeboten der Dienstleistungen am Menschen?" Diese Frage tritt zudem in den Vordergrund in einer Zeit, wo junge Studenten die Frage aufwerfen, ob es länger sinnvoll sei, all die komplizierten Einteilungen der akademischen Disziplinen aufrechtzuerhalten, und wo sie nach etwas suchen, was ihrem Leben Mitte und Ganzheit geben könnte.

In den letzten paar Jahren hat mich stark beeindruckt, daß Priester, Seelsorger und Theologiestudenten, die eine begleitende Beratung ihrer Seelsorgsarbeit gesucht haben, zunehmend Fragen stellten, die weit über ihre beruflichen Anliegen hinausreichten. Anfangs ging es meistens um die beste Technik, die angemessenste Methode, die wirksamste Vermittlung: „Wie finde ich bei meiner Predigt vor einer Kirchengemeinde eine Sprache, in der ich verstanden werde? Wie kann ich einem Mann oder einer Frau mit Ehekonflikten helfen? Wie kann ich einem sterbenden Patienten beistehen? Wie verhalte ich mich, wenn meine Gemeinschaft mich beauftragt, gegen die Wohnverhältnisse zu protestieren, Armut zu beheben, gegen Rassenschranken und soziale Ungerechtigkeit anzukämpfen? Muß ich um jeden Preis gewaltlos bleiben, oder kann ein Zeitpunkt kommen, zu dem Gewalt die einzige ethisch vertretbare Antwort sein kann?"

Diese Fragen sind ungeheuer wichtig und erfordern

intelligente Diskussionen, sorgfältige Untersuchungen und oft eine lange Ausbildung unter kompetenter Aufsicht.

Aber diese Fragen sind nicht die letzten und nicht die entscheidendsten. Zuweilen scheint es sogar, daß all diesen Anliegen die Frage vorausgeht, welche Spiritualität der Mensch vertritt, der sie stellt. Viele Studenten und Auszubildende kämpfen um den Sinn ihres Daseins. Noch lange ehe sie sich den Kopf darüber zerbrechen können, wie sie das Evangelium anderen verkünden könnten, ringen sie mit Fragen wie: „Was bedeutet Gott für mich? Ist Jesus Christus wirklich die Triebfeder meines Lebens? Wie stelle ich mich zu meinem eigenen Leben und Sterben? Welche echten Beziehungen habe ich eigentlich zu meinen Nächsten? Was liegt meinem Wunsch zugrunde, mich überhaupt ins Leben meiner Mitmenschen einzumischen: Sucht, Aufgabe, Berufung? Sollte ich von Liebe sprechen, wenn ich in meinem eigenen Herzen Zweifel hege, daß man auf die Liebe sein Leben bauen kann? Kann ich über das Beten lesen, reden, Unterricht geben, wenn ich selber noch nie richtig erfahren habe, was das eigentlich ist?"

Meistens werden diese Fragen nicht wortwörtlich so ausformuliert, aber bei der Diskussion über Predigten, Krankenbesuche oder Religions-Unterrichtsstunden oder alle möglichen anderen seelsorglichen Aktivitäten hatte ich den Eindruck, daß sie bewußt oder unbewußt anstehen, und der Umstand, daß sie nicht geklärt sind, trägt wesentlich zu den Frustrationen bei, die viele Seelsorger von heute empfinden. Es mag sein, daß ein Arzt auch dann einen Patienten heilen kann, wenn er kaum noch an den Sinn und Wert des Lebens glaubt; aber ein christlicher Seelsorger kann seinen Dienst nicht wirklich ausüben, wenn seine Arbeit nicht beseelt ist von seinem ganz persönlichen Glauben und seiner eigenen Lebenseinstellung.

Aus diesem Grund lassen sich Seelsorge und Spiritualität niemals voneinander trennen. Seelsorge ist keine Teilzeitarbeit, sondern zuallererst einmal eine Lebensform, die anderen Menschen so einsichtig und verständlich sein muß, daß sie erkennen: Befreiung ist in unserem Leben möglich.

Es gibt heute einen großen Hunger nach einer neuen Spiritualität, die zu einer Erfahrung Gottes mitten in unserem Alltag hinführt. Diese Erfahrung ist für jeden Seelsorger wesentlich, aber er kann sie nicht außerhalb des Bezirks seines Dienstes finden. Es muß möglich sein, die Keime dieser neuen Spiritualität direkt im Kern des christlichen Dienstes zu finden. Das Gebet ist keine Vorbereitung auf die Arbeit oder eine unerläßliche Bedingung für fruchtbare Seelsorge. Das Gebet ist das Leben; Gebet und Dienst sind ein und dasselbe und können niemals voneinander getrennt werden. Trennt man beides, so wird aus dem Seelsorger ein Gelegenheitsarbeiter und aus dem Priestertum nur eine von vielen Möglichkeiten, die Belastungen und Sorgen des Alltags zu überspielen.

Unsere Sehnsucht nach Schweigen, nach Augenblikken der Kontemplation und Meditation muß unserer Sorge um die Welt entstammen. Kommt sie nicht von da her, werden wir uns bald langweilen und werden nicht verstehen, warum wir uns so vielen frommen Übungen unterwerfen sollen. Wenn Gott nicht immer mehr zu einem lebendigen Gott wird für diejenigen, die dem Volk Gottes tagtäglich dienen, können sie ihn auch nicht in der Wüste, in der Kommunität oder in Stunden der Stille finden. Die Berufsarbeit des Seelsorgers muß tiefe Wurzeln im geistlichen Leben des Seelsorgers haben, das seinerseits von der ständigen Sorge um die ihm anvertrauten Menschen inspiriert sein muß; sonst verkommt sie zu einer klerikalen Manipulation der Menschen.

Um dieses Anliegen vor allem geht es in den folgenden Kapiteln. Ich hoffe, mir gelingt es, anhand einer eingehenden Betrachtung der fünf Hauptaufgaben des Seelsorgers: Lehren, Predigen, Einzelseelsorge, Organisieren und Feiern Ansätze einer soliden Spiritualität für jeden Mann und jede Frau zu gewinnen, die anderen dienen wollen.

Es wird deutlich werden, daß jeder Christ ein Seelsorger sein sollte. Der geweihte Priester und berufsmäßige Seelsorger ist nur sozusagen eine Spezialform, an der in besonderer Ausdrücklichkeit deutlich wird, was grundsätzlich in jeder Form christlichen Dienens verwirklicht werden muß. Deshalb werden in den folgenden Kapiteln oft die Wörter „Seelsorger" und „Priester" benützt. Aber was für Seelsorger und Priester im engeren Sinn gilt, das gilt im Grunde für jeden Menschen, der sein Leben im Licht des Evangeliums Jesu Christi gestalten möchte. Darum handelt dieses Buch genaugenommen vom Lebensstil eines jeden Christen.

Erstes Kapitel
Mehr als das Vermitteln von Wissen
Über das Unterrichten

Von einer gewalttätigen zu einer befreienden Art des Unterrichtens

Einleitung

Vor Zeiten soll Gott Engel vom Himmel geschickt haben, wenn es galt, den Menschen etwas Dringendes mitzuteilen. Er schickt solche Engel immer noch. Vor einigen Monaten kam ein buddhistischer Mönch aus Vietnam nach Holland und besuchte eines schönen Tages das Haus, in dem ich wohnte. Er war ein dünner, schmächtiger Mann, den man kaum anzurühren wagte. Aber seine klaren, furchtlosen Augen strahlten eine derartige Mischung von Einsicht und Zuneigung aus, daß man spontan den Wunsch hatte, er möge einen verstehen. Er schaute mir geradewegs in die Augen und sagte: „Es war einmal ein Mann, der ritt gemächlich auf einem Pferd seines Wegs. Ein alter Bauer stand im Feld daneben, sah ihn vorbeikommen und rief ihm zu: ‚Hallo, Reiter, wohin des Wegs?' Der Reiter drehte sich um und rief zurück: ‚Frag nicht mich, frag mein Pferd!'"

Der Mönch schaute mich an und sagte: „In dieser Lage seid Ihr. Ihr seid nicht mehr die Herren Eures eigenen Schicksals. Ihr habt die Kontrolle über die ungeheuren Kräfte verloren, die Euch in eine Richtung treiben, von der Ihr nicht wißt, wohin sie führt. Ihr seid zu passiven Opfern einer unaufhaltsamen Entwicklung geworden, die ihr nicht versteht." Mir schien, als ritze er mir diese Botschaft wie mit einem Tätowierstift in die Haut und fordere mich auf, sie jedermann sehen zu lassen.

Die gleiche Frage kommt mir in den Sinn, wenn ich die Lage derjenigen betrachte, die unterrichten und die unterrichtet werden: Wissen Lehrer und Studenten wirklich, in welche Richtung ihre Pferde galoppieren?

Studenten sind Männer und Frauen, von denen man annehmen sollte, sie seien in der bevorzugten Lage, unter Anleitung von kompetenten Lehrern über sich selber und ihre Gesellschaft nachdenken zu können. Sie haben ein bestimmtes Maß an Zeit ihres Lebens dem Unternehmen eingeräumt, ihre eigene Lage und die Lage der Welt, in der sie leben, gründlich in Augenschein zu nehmen, in der Hoffnung, dadurch angemessene Einsichten zu gewinnen und diese dann entsprechend in die Praxis umzusetzen.

Aber wir müssen feststellen, daß heutzutage eine „Schule" und auch eine „Hoch-Schule" schon lange keine „schola" mehr ist, das heißt ein Ort der Frei-Zeit; nein, die Schulen von heute sind zu hochkomplizierten Ertüchtigungsbetrieben geworden, die die Menschen auf das Leben in einer noch komplizierteren Gesellschaft eintrainieren. Angesichts dieser Tatsache scheint es durchaus sinnvoll, den Ausspruch unseres vietnamesischen Mönchs darauf anzuwenden. Wenn das Unterrichten darin besteht, den Menschen mit genügend akademischem Rüstzeug auszustatten, damit er seinem Mitmenschen überlegen ist; wenn es darin besteht, zu mehr Geldverdienen, zu einer besseren Karriere und zu größerem Ansehen in der Nachbarschaft zu verhelfen, dann täten wir gut daran, erst einmal die Frage zu stellen, ob es irgendein Wort Gottes gibt, das dieses Verständnis von „Unterrichten" rechtfertigt.

Das Unterrichten war im Laufe der Jahrhunderte die verbreitetste und angesehenste Rolle der christlichen Geistlichkeit. Wo immer Christen hingingen, um den

Menschen zu dienen, betrachteten sie das Unterrichten als eine ihrer vorrangigsten Aufgaben. Sie waren nämlich davon überzeugt, daß sich der Weg zu einer neuen Freiheit und zu neuen Lebensweisen dadurch erschließt, daß man den Bildungsstand der Menschen hebt und ihr Wissen über sich selbst und die Welt vermehrt. Zwar haben die christlichen Kirchen oft darin versagt, dieser Überzeugung voll zu entsprechen, ja sie haben sogar die freie Entwicklung der Wissenschaft gehemmt und das furchtlose Erschließen neuer Wissensgebiete beschränkt; dennoch haben sie im Evangelium immer den Auftrag gelesen, durch ständige Erziehung die im Menschen angelegten Fähigkeiten so weit wie möglich zu entfalten.

Deshalb hat sich der Dienst des Unterrichtens nie auf den Religionsunterricht beschränkt. Erziehung ist nicht in erster Linie ein Dienst der Vermittlung von Wissensstoff, sondern ihr wertvollster Dienst besteht im Stil des Erziehungsprozesses als solchem. Wahrscheinlich haben wir uns allzulange auf den Wissensstoff konzentriert und darüber vergessen, daß das Wichtigste beim Dienst des Unterrichtens die Beziehung zwischen Schüler und Lehrer ist.

Von da her gesehen stelle ich die Frage: Welches Selbstverständnis ergibt sich für Lehrer oder für Studenten, wenn sie sich im Licht des Evangeliums Jesu Christi betrachten?

Um eine sinnvolle Antwort auf diese Frage geben zu können, möchte ich zwei Grundmodelle des Unterrichtens beschreiben: das gewalttätige und das befreiende Modell; und anhand dieser Modelle möchte ich dann genauer aufzeigen, aus welchen Gründen der Mensch Widerstände gegen das Lernen hat.

Wenn ich Modelle skizziere, werde ich niemals individuellen Lehrern gerecht. Worin es mir hier einzig geht, ist, wie eine Art Landkarte Grundstrukturen zu entwerfen und dann unseren Standort und die Richtung, in die wir gehen wollen, genauer zu bestimmen.

I. Das Unterrichten als ein gewalttätiger Prozeß

Werfen wir zunächst einen Blick auf die allgemeine Lage im Unterrichtswesen. Dabei ergibt sich der Eindruck, daß die Studenten unablässig mit den komplexen Problemen ihrer Welt konfrontiert und fast täglich mit neuen Fertigkeiten, Methoden und Techniken vertraut gemacht werden, um diese Probleme meistern zu können. Auf Gebieten wie denjenigen der Medizin, der Soziologie, der Psychologie, der Chemie, der Biologie, der Ökonomie und sogar der Theologie scheint es in unglaublichem Maß immer mehr darum zu gehen, Handlungsweisen zu erlernen, die möglichst gut unmittelbaren Bedürfnissen entsprechen, dringenden Problemen abhelfen und unseren Lebensstil in einem annehmbaren Gleichgewicht halten. Die meisten Lehrer und Studenten verlegen sich einseitig auf das Erörtern der Frage, wie man dies und jenes „in den Griff kriegt"; ein fähiger Lehrer ist folglich der, welcher seinen Studenten zur Überzeugung verhilft, sie seien voll und ganz in der Lage, den gefährlichen Löwen in Schach zu halten, dem sie gegenüberstehen werden, wenn sie das Ausbildungslager verlassen.

Solange das Unterrichten auf dieses Ziel hin angelegt ist, ist es notwendigerweise dazu verurteilt, ein gewalttätiges Unternehmen zu sein; es stellt einen Teufelskreis von Aktion und Reaktion her, in dem der Mensch die

Welt als Neuland betrachtet, das es zu erobern gilt und das von Feinden wimmelt, die sich mit Händen und Füßen dagegen wehren, von einem Fremden in Besitz genommen zu werden. Der Lehrer, der in diese Arena einsteigt, ist dazu gezwungen, sich auf eine Grundhaltung einzustellen, die von Natur aus auf Konkurrenz, Einseitigkeit und Entfremdung angelegt ist, kurz: die gewalttätig ist.

Betrachten wir diese drei Merkmale einer gewalttätigen Art von Unterricht genauer.

1. Angetrieben vom Konkurrenzdenken

Das Konkurrenzdenken ist zu einem der durchgängigsten und zugleich verheerendsten Wesenszüge der modernen Erziehung geworden. Das Gefühl, in einer Situation des Wettbewerbs und der Rivalität zu stehen, ist allbeherrschend: es prägt die Einstellung der Studenten zu ihren Mitstudenten und Professoren, ihre Einstellung zu Examina und akademischen Graden, ihre Einstellung zu Ober- und Hochschulen und sogar ihr Freizeitverhalten. Man braucht nur während der letzten Semesterwoche über ein Universitätsgelände zu gehen, um festzustellen, daß über nichts anderes als über Noten, Bewertungen und Zulassungen geredet wird. Wie traurig das alles ist, geht einem auf, wenn man merkt, daß ein Student mit seiner Note nur zufrieden ist, wenn er weiß, daß seine Kommilitonen schlechtere Noten haben. In einem System, das beständig das Konkurrenzdenken stimuliert, ist das Wissen keine Gabe mehr, die man miteinander teilt, sondern ein Privatbesitz, den man gegeneinander verteidigt.

Studenten, die sich der Tatsache bewußt werden, daß alle ihre Leistungen – und nicht nur diejenigen auf akademischem Gebiet, sondern auch ihre sportlichen und gesellschaftlichen Leistungen – ständig mit denen anderer verglichen werden, und denen aufgeht, daß ihre Noten für ihre schulische Zukunft, ihren künftigen Arbeitsplatz und sogar für ihren militärischen Dienstgrad ausschlaggebend sind, können verständlicherweise einer lähmenden Angst zum Opfer fallen. Diese Angst macht viele Studenten überempfindlich für die Reaktionen ihrer Freunde und Lehrer. Diese Angst läßt sie in einem Übermaß auf ihren eigenen Vorteil bedacht sein, versetzt sie in eine Überempfindlichkeit und Abwehrhaltung gegenüber anderen, erfüllt sie mit ständiger Sorge, irgendwo versagen zu können und nimmt ihnen den Mut zu irgendeinem Risiko oder zu einem spontanen Unternehmen. Oft wird diese Angst zum versteckten Herrscher über alles, was sie schreiben, sagen oder sogar denken. Das Konkurrenzdenken ist zum großen Hemmschuh für die freie Entwicklung der Gesamtpersönlichkeit des Studenten geworden, weil es diese Angst ständig schürt.

Um aufzuzeigen, wie tief diese Konkurrenzmentalität unser Unterrichtssystem durchwirkt hat, möchte ich eine bestimmte Lehrmethode näher in Augenschein nehmen. Es handelt sich um eine Methode, die auf den ersten Blick am wenigsten auf den Wettbewerb angelegt zu sein scheint: die Diskussion im Klassenzimmer.

In jedem Unterrichtsraum von heute sieht man sofort, daß das Diskutieren zu einer wichtigen Form modernen Unterrichtens geworden ist. Sie beruht auf der Annahme, daß Studenten aus Diskussionen mehr lernen als durch das Aufnehmen vorgefertigter Informationen.

Aber stimmt das wirklich immer? Wenn man den Verlauf solcher Diskussionen genau analysiert, stellt man fest, daß sie oft zu einer Art von intellektuellem Gefecht ausarten, das die Teilnehmer nicht weitsichtiger, sondern eher engstirniger werden läßt. Studenten, die im Kreis um einen Tisch sitzen, ihrem Lehrer Fragen stellen oder voreinander ihre Gedanken und Überzeugungen formulieren, gleichen oft eher Soldaten, die ihre Gewehre gegeneinander im Anschlag halten, als Freunden, die sich die Hand geben.

Meist läuft die Diskussion so ab: Ein Student tritt in den Austausch ein, ohne viel Ahnung vom Gegenstand des Gesprächs zu haben; aber er möchte mehr darüber erfahren und hat zugleich Angst, seine Unwissenheit zu zeigen. Sobald nun einer eine Meinung äußert, ist die verbreitetste Reaktion darauf nicht die Frage an sich selbst: „Wie kann ich *seine* Überzeugung besser verstehen?", sondern: „Was halte *ich* davon?" Auch wenn Schweigen eintritt, dient das meistens mehr dazu, sich eine Antwort zu überlegen, als sich in den Gedankengang des andern hineinzuversetzen. Sobald dann zwei, drei oder noch mehr Meinungen in den Raum gestellt sind, ist die Hauptsorge darauf gerichtet, seinen einmal eingenommenen Standpunkt zu verteidigen, selbst wenn dieser kaum der Verteidigung wert ist. Nach einiger Zeit stellt sich dann die merkwürdige Situation ein, daß alle sich selbst und die andern von Gedanken zu überzeugen versuchen, die sie anfangs kaum als ihre eigenen in Betracht gezogen hätten – Gedanken, die ursprünglich nur als zögernder Versuch gemeint gewesen waren, in einen Gedankenaustausch einzusteigen. Wie könnte es anders sein, solange die Lehrer als Instanzen angesehen werden, die dazu da sind, den Studenten früher oder später zu bescheinigen, wieviel sie taugen, und solange Mitstudenten als Rivalen im großen Kampf ums Überleben an der Universität betrachtet werden? Wer könnte es sich in einem solchen Klima erlauben, sich schwach und verwundbar zu zeigen? Und, noch wichtiger: wer kann auf diese Art wirklich etwas lernen?

2. Ein einseitiger Prozeß

Der zweite Charakterzug der gewalttätigen Unterrichtsweise ist der, daß sie letztlich ein einseitiger Prozeß ist. Selbst die vielen Formen der Diskussion, die den Eindruck erwecken, die Menschen lernten voneinander, lassen sich allzuoft als notdürftig verschleierte Techniken entlarven, eine fix und fertige Botschaft zu vermitteln oder ein angeblich unverzichtbares Produkt an den Mann zu bringen. Verschiedene Diskussionformen sind bei näherem Zusehen nichts als billige Propagandatricks, und so überrascht es nicht, daß viele Studenten schnell eine Abneigung gegen sie bekommen und lieber stramme Vorlesungen haben wollen – die immerhin davon dispensieren, irgendein anderes Buch zu lesen.

Mit all dem soll gesagt werden, daß vielen Lehrmethoden immer noch die Auffassung zugrunde liegt, einer sei kompetent und alle anderen nicht, und daß das ganze Spiel darauf hinausläuft, die anderen genauso oder fast so kompetent zu machen, wie es der eine schon ist. Ist dieses Ideal erreicht, dann ist der Lehrer kein Lehrer und der Student kein Student mehr; beide Teile können sich dann voneinander verabschieden und nehmen nicht sehr viel mehr mit, als die Möglichkeit, künftig übereinander unterhaltsame Geschichten erzählen zu können.

In diesem Vorstellungsmodell ist der Lehrer der Starke: Er weiß alles, er muß alles wissen. Der Student dagegen ist der Schwache: Er weiß nichts und sollte den Wunsch haben, mehr zu wissen. Die ganze Bewegung fließt also vom Lehrer zum Studenten, vom Starken zum

Schwachen, von dem, der etwas weiß, zu dem, der noch nicht viel weiß. Das ist ein völlig einseitiger Prozeß.

3. Mit entfremdender Wirkung

Schließlich wirkt die gewalttätige Art des Lehrens entfremdend, weil die Aufmerksamkeit des Studenten nach außen gewendet wird, weg von sich selbst, weg von seinen unmittelbaren Beziehungen; sie wird auf die Zukunft gerichtet, von der behauptet wird, in ihr werde der Student erst das wirkliche Leben finden. Schule und Universität werden so als bloße Vorbereitungsstätten auf das spätere, das „eigentliche" Leben aufgefaßt. Eines Tages wird der Student den Hörsaal zum letzten Mal verlassen, seine Bücher zuklappen, den Lehrer vergessen – und dann endlich kann das Leben anfangen. Die Schule ist nur theoretische Übung, Trockenschwimmübung, ein Schein-Leben. Kein Wunder, daß deshalb viele Studenten während der Vorlesungen gelangweilt und schläfrig sind und die Zeit damit totschlagen, sehnlichst auf das Läuten der Pausenglocke zu warten, damit sie endlich etwas tun können, was ihnen Spaß macht. Und es ist auch nicht verwunderlich, daß viele sagen, was in der Schule abgehandelt werde, habe nichts oder wenig mit ihrem praktischen Leben zu tun, und sie müßten blinden Glaubens annehmen, daß ihnen irgendwann dankbar der Wert des Wissens aufgehe, das ihnen beigebracht worden ist.

Von daher ist es nicht verwunderlich, daß viele Lehrer als Wesen betrachtet werden, die zu einer anderen Welt als derjenigen der Studenten gehören. Oft erwächst daraus ein unterschwelliges Gefühl der Feindschaft; es äußert sich in einem völligen Mangel an Dankbarkeit denjenigen gegenüber, die den Studenten viel Zeit, Energie und Aufmerksamkeit gewidmet haben, um sie auf die Gesellschaft vorzubereiten.

Dieser gesamte Prozeß ist deshalb entfremdend, weil darin weder Studenten noch Lehrer die Möglichkeit hatten, ihr eigenes Menschsein zum Ausdruck zu bringen oder ihre ständigen Beziehungen, in denen sie doch stehen, gemeinsam zur Hauptquelle des Lernens zu machen. Statt dessen sind sie eher von ihren unvermittelbaren Erfahrungen weggezerrt worden; sie haben nach dem Horizont gestarrt und von dort her das Erscheinen von irgend etwas erwartet, und zugleich sind sie blind geworden für das, was sich unmittelbar unter ihren Augen abgespielt hat.

Angesichts der Tatsache, daß viele Menschen fast zwanzig Jahre ihres Lebens in der Schule verbracht haben, könnte man die Frage stellen: Hätte ihr Leben einen sinnvollen Inhalt gehabt, wenn sie am Ende dieser zwanzig Jahre gestorben wären? Haben diese zwanzig Jahre einzig dem Zweck der Vorbereitung auf weitere zwanzig Jahre gedient, die dann ihrerseits wiederum zwanzig weitere Jahre des Ruhestands ermöglichen werden? Aber wenn jemand nicht wirklich im Hier und Heute leben kann, wie sollte er dann voll Zuversicht hoffen können, später werde das ganz anders sein? Das ist der Kern der Entfremdung, der im Leben vieler Studenten und Lehrer nur allzu deutlich aufscheint.

Damit ist der gewalttätige Prozeß des Lernens als eines Unternehmens beschrieben, das geprägt ist von Konkurrenzdenken, Einseitigkeit und Entfremdung. In Reinkultur, in seiner völligen nackten verhängnisvollen Form, gibt es das wohl in der Praxis nie; aber dennoch sollten wir beachten, daß Elemente davon in vielen unserer zeitgenössischen Erziehungsmethoden zu finden sind.

II. Das Unterrichten als ein erlösender Prozeß

In vieler Hinsicht sind wir die passiven Opfer eines Erziehungsprozesses geworden, dessen Auswirkungen auf uns wir kaum ermessen können. Wenn das so ist, müssen wir unbedingt genauer der Frage nachgehen, was mit uns genau geschehen ist. Als ersten auffälligsten Eindruck möchte ich den Verdacht äußern, daß wir den Kontakt zur Quelle unseres eigenen Daseins verloren haben und Fremdlinge in unserem eigenen Haus geworden sind.

Wir neigen dazu, in der Gegend herumzurennen, ständig mit dem Versuch beschäftigt, die Probleme unserer Welt zu lösen, und zugleich gehen wir ängstlich der Gegenüberstellung mit jener Wirklichkeit aus dem Weg, in der unsere Probleme ihre tiefsten Wurzeln haben: der Gegenüberstellung mit uns selbst. In vieler Hinsicht sind wir wie der vielbeschäftigte Mensch, der vor einer kostbaren Blume steht und zu ihr sagt: „Was um Gottes willen tust du hier? Kannst du dich nicht irgendwie nützlich machen?“, und der dann keinerlei Verständnis für die Antwort der Blume aufbringt: „Tut mir leid, lieber Mensch, meine Aufgabe besteht schlicht und einfach im Schönsein.“

Wie können wir uns die Weisheit der Blume zu eigen machen, daß das Sein wichtiger sei als das Tun? Wie können wir eine schöpferische Beziehung zum tragenden Grund unseres Lebens finden? Wohl nur mit Hilfe eines Lehrers, der uns zur Quelle unseres Daseins führen und der uns zeigen kann, wer wir sind, und dadurch auch, worin unsere Aufgabe besteht.

Aber wo gibt es solche Lehrer? Es gibt Menschen, die sind der Ansicht, es gebe keine wirklichen Lehrer mehr und wir lebten in einer Zeit, die keine weisen Menschen mehr habe. Aber ist das wirklich so? Oder sollten wir sagen: es gibt keine solchen Lehrer mehr, weil es keine entsprechenden Schüler mehr gibt? Lehrer können nur Lehrer werden, wenn es Schüler gibt, die sich zu ihren Schülern machen, und Schüler können nur Schüler werden, wenn Lehrer da sind, die sie als Schüler annehmen. Es bedarf dieses gegenseitigen Sich-Annehmens, damit eine Lehrer-Schüler-Beziehung entstehen kann, die sich als erlösend bezeichnen läßt. Im Gegensatz zur gewalttätigen Form des Lehrens – die auf Wettbewerb beruht, einseitig und entfremdend ist – lassen sich darum als Merkmale einer erlösenden Unterrichtsform nennen: sie weckt Bewußtsein, sie ist wechselseitig, und sie führt ins aktuelle Leben. Betrachten wir diese Merkmale näher.

1. Bewußtsein wird geweckt

Das erste Merkmal einer erlösenden Lehrer-Schüler-Beziehung besteht darin, daß Lehrer und Schüler gegenseitig beieinander ihre Fähigkeiten wecken und sie einander zur Verfügung stellen. Wenn ein Student einen echten Lehrer haben will, muß er diesem Lehrer Offenheit entgegenbringen; er muß ihm freien Zugang zu seinen eigenen Lebenserfahrungen gewähren. Dann kann der Lehrer ihm diese Erfahrungen als Quelle der Einsicht und des Verstehens erschließen. Nur ein Student, der dem Lehrer Zutritt zu seinen eigenen Lebenserfahrungen gewährt, kann in diesem Lehrer die Fähigkeit wekken, ein wirklicher Lehrer zu werden. So gesehen, ist der Lehrer völlig auf den Schüler angewiesen; der Schüler muß ihm Offenheit, Vertrauen und Freundschaft entgegenbringen, muß mit ihm seine Schwächen und Stärken, seine Sehnsüchte und Nöte teilen. Man sage nicht zu schnell, das sei unrealistisch. Es gibt tatsächlich Klassezimmer, in denen Diskussionen so gelingen, daß sie das Beste in den Beteiligten wecken und ein echtes Voneinander-Lernen ermöglichen; die Studenten sind dabei in der Lage, ihren Lehrern und Mitstudenten ihre eigenen Erfahrungen mitzuteilen und so ein tieferes Einander-Verstehen zu erleichtern. In solchen Fällen bleibt es nicht beim bloßen Schlagabtausch mit „Ja – aber ...“-Sätzen, sondern die Sätze beginnen mit „Sagen Sie noch mehr über ...“ „Dazu kommt mir der Gedanke ...“ oder „Ich möchte noch hinzufügen ...“ Hier fehlt das Klima des Konkurrenzkampfes; der Lehrer ist nicht mehr der gefürchtete Richter, sondern der Mensch, dem sich die Möglichkeit bietet, Bildung weiterzugeben und die Studenten dafür zu begeistern, sich immer tiefer in den Lernprozeß einzulassen. Vielleicht kann kein Lehrer ein wirklicher Lehrer sein, wenn er nicht auch in einem gewissen Maß ein Freund ist. Als Christus zu seinen Jüngern sagte: „Ich nenne euch nicht mehr Knechte, sondern Freunde“ (Joh 15,14), wurde er im tiefsten und besten Sinn ihr Lehrer, denn damit war alle Furcht ausgeräumt, und das wirkliche Lernen konnte beginnen.

2. Ein wechselseitiger Prozeß

Das zweite Merkmal einer erlösenden Beziehung zwischen Lehrer und Schüler ist, daß sie wechselseitig ist. Das heißt: nicht nur der Student muß von seinem Lehrer lernen, sondern umgekehrt muß auch der Lehrer von seinem Studenten lernen. Wenn der Lehrer nie dazu bereit ist, auch zum Schüler zu werden und seinem Schüler die Rolle des Lehrers zuzugestehen, wird er nie in der Lage sein, aus seinem Lehren einen erlösenden Prozeß zu machen. Lehrer und Studenten sind Mitmenschen, die gemeinsam nach dem suchen, was wahr, sinnvoll und gültig ist, und die einander die Möglichkeit geben, daß der eine die Rolle des andern übernimmt.

Wenige Lehrer fühlen sich jedoch souverän genug, um ihren Studenten erlauben zu können, mehr zu wissen als sie, oder auch nur, um ihren Studenten beim Lernen von ihnen genug Freiheit zu lassen. Sie neigen zur Auffassung, sie büßten an Respekt und Wertschätzung ein, wenn sie ihren Studenten erlauben würden, sie zu führen. Sie verhalten sich lieber autoritär, und daher entgeht es ihnen, daß gerade diese Freiheit eine Beziehung ermöglichen könnte, in der sie den Studenten von seinen Ängsten befreien und ihm die Freiheit zum Weiterwachsen einräumen könnten. Hinzu kommt, daß in diesem Prozeß nicht so sehr die intellektuelle Überlegenheit des Lehrers zählt, sondern vielmehr seine Reife, mit der er Nichtgewußtes stehen läßt und bereit ist, unbeantwortbare Fragen unbeantwortet zu lassen.

Wenn der Lernprozeß ein wechselseitiger Prozeß ist, dann hat er grundsätzlich ein offenes Ende. Deshalb bleibt das Diskutieren nicht eine Methode, um dem Studenten eine fix und fertig präparierte Meinung beizubringen, sondern ein Austausch von Erfahrungen und Gedanken, dessen Endergebnis nicht genau festgelegt ist. Auf diese Weise kann die Diskussion durchaus zu neuen und überraschenden Ausblicken und Einsichten führen.

Wenn Lehrer und Studenten bereit sind, sich gegenseitig beeinflussen zu lassen, kann das Lernen zu einem schöpferischen Prozeß werden, der alles andere als langweilig und ermüdend ist. Doch nur in einer Beziehung, wie ich sie beschrieben habe, kann ein solches Lernen stattfinden.

3. Es führt ins aktuelle Leben

Das bringt uns auf das dritte Merkmal des Lehrens als eines erlösenden Prozesses. Es wirkt nicht entfremdend, sondern führt ins aktuelle Leben. Das soll heißen: wenn Lernen gewissermaßen eine Vorbereitung für die Zukunft ist, dann kann es das nur sein, wenn die Zukunft schon gegenwärtig wird in der Lehrer-Schüler-Beziehung hier und heute. Wenn man eine bessere Welt bauen will, müssen die Anfänge dieser Welt schon jetzt im tagtäglichen Leben sichtbar sein. Es besteht kein Grund zur Hoffnung darauf, daß in der Zukunft viel geschehen werde, wenn die Zeichen der Hoffnung nicht in der Gegenwart schon gesetzt werden können. Es hat wenig Sinn, über Mittel und Wege zur Schaffung von Frieden und Freiheit zu sprechen, wenn wir nicht von Erfahrungen des Friedens und der Freiheit ausgehen können, die wir schon im Hier und Heute machen. Wir können uns nicht dem Einsatz für Gerechtigkeit und Liebe in der Gesellschaft von morgen verschreiben, wenn wir unfähig sind, die Keime von Gerechtigkeit und Liebe bereits in den Beziehungen zu entdecken, die wir heute eingehen. Eine gewaltfreie Welt kann nicht aus einem gewalttätigen Lernprozeß hervorgehen, genau wie Eifersucht nicht zu Gerechtigkeit führen kann, Grausamkeit nicht zu Güte, Haß nicht zu Liebe. Aber wenn Schulen Orte sind, wo Gemeinschaft erfahren werden kann, wo Menschen ohne Angst voreinander miteinander leben können und wo das Lernen die Frucht eines schöpferischen Austauschs von Erfahrungen und Ideen ist, dann besteht die Aussicht, daß diejenigen, die aus ihnen hervorgehen, den immer dringenderen Wunsch haben, in der Welt das zu verwirklichen, was sie während ihrer Ausbildungsjahre bereits erfahren haben. In diesem Sinn sind Schulen nicht Trainingslager, die der Ertüchtigung von Menschen für den Einstieg in eine gewalttätige Gesellschaft dienen, sondern Stätten, wo erlösende Formen gesellschaftlichen Miteinanders mit der modernen Welt versucht und ihr angeboten werden können, als alternative Lebensstile. Das Lehren kann dann zum Mittel werden, einen neuen Lebensstil zu schaffen, in dem die Menschen fähig sind, ihre Beziehungen zueinander auf grundsätzlich gewaltfreie Art zu gestalten. Und indem der Lehrer selbst versucht, auf diese Art zu leben, wird er entdecken, daß das Lernen eine Lebenseinstellung ist, die weit über die Klassenzimmer-Verhältnisse hinausreicht: daß es neue Beziehungen stiftet, die nicht abbrechen, wenn die Studenten die Schule verlassen; daß es ein Prozeß ist, der der Weiterführung bedarf und nicht mit Diplomen und akademischen Graden abgeschlossen wird, und daß es eine Herausforderung darstellt, seinen Lebensstil immer wieder zu erneuern.

Wir haben jetzt beschrieben, wie das Lehren als erlösender Prozeß das Bewußtsein weckt, wie es ein wechselseitiges Geschehen ist und ins aktuelle Leben führt. Offensichtlich läßt sich dieses Ideal nie vollständig erreichen. Es würde genügen, wenn wir wenigstens den Einstieg in diese Art des Lehrens in unserem eigenen Umfeld schaffen könnten und wenn wir den Mut fassen würden, die Zügel des Pferdes selbst in die Hand zu nehmen und es von der Gewalttätigkeit weg zu immer größerer Freiheit zu führen. Aber wir würden uns Illusionen hingeben, wenn wir meinen würden, die Wahl einer erlösenden Form des Lehrens lege sich von allein nahe. Wäre dies der Fall, dann wären alle bis jetzt darüber geschriebenen Worte überflüssig. Diese Wahl legt sich in Wirklichkeit ganz und gar nicht von allein nahe, denn wir stehen vor der Tatsache, daß im Menschen ganz tief ein Widerstand gegen das Lernen sitzt. Wir müssen nun gründlicher diesen Widerstand ins Auge fassen, um ihn besser zu verstehen und zugleich in den Stand gesetzt zu werden, ihn zu beseitigen.

III. Widerstand gegen das Lernen

Der Sinn des Lernens ist es, zu einer erlösenden Einsicht in den Zustand des Menschen und der Welt zu führen. Aber wünschen wir uns immer tiefere Einsicht? Bernard Lonergan schreibt:

„Man kann sich Einsicht wünschen, aber sie kann auch unerwünscht sein. Es gibt die Liebe zum Licht, es gibt aber auch die Liebe zur Finsternis. Voreingenommenheiten und Vorurteile verfälschen schon ständig theoretische Untersuchungen, und erst recht können elementare Leidenschaften das Verstehen in praktischen und persönlichen Dingen verzerren. Sich einer Einsicht zu verschließen bedeutet zugleich, weiterführende Fragen zu verhindern, die sich daraus ergeben würden, und sich dann wiederum gegen ergänzende Einsichten zu sperren, die zu einer abgerundeten und ausgeglichenen Gesamtschau führen würden. Wo diese vollere Sicht der Dinge fehlt, führt das zu einem Verhalten, das zu Mißverständnissen sowohl bei uns selbst wie bei andern führt. Das Gefühl, nicht verstanden zu werden, begünstigt dann wiederum einen Rückzug aus dem äußeren Drama des menschlichen Lebens in das innere Drama der Phantasie" (Insight, London 1957, 191).

Lonergan nennt eine solche Abirrung des Verstehens „scotosis", abgeleitet vom griechischen Wort „skotos", das heißt Finsternis, und den blinden Fleck, der sich ergibt, ein „scotoma".

Mit der Einführung dieser Begriffe hat er uns geholfen, unseren massiven Widerstand gegen das Lernen besser zu verstehen. Denn genau diese „scotosis" ist es, was uns davon abhält, uns wirklich mit den Faktoren zu befassen, die entscheidend für das sind, was der Mensch von heute aus sich macht. Indem wir die „scotosis" zulassen, das heißt, unangenehme Einsichten abblenden, verhindern wir es, daß unsere eigene Erfahrung Teil unseres Lernprozesses wird, und wir werden dann unbeteiligte Zuschauer, die am Rand des Lebensflusses stehenbleiben.

Ich versuche hier, sehr einfache und selbstverständliche Dinge zu sagen. Aber die selbstverständlichsten Dinge können leicht zu den für uns bedrohlichsten Dingen werden, und folglich werden sie dann vielleicht auch am ehesten zum Gegenstand der „scotosis".

„Scotosis": das bedeutet zum Beispiel lange und hitzige Diskussionen über Gerechtigkeit und Gleichheit – und zugleich haben wir eine starke Abneigung gegen unseren Lehrer oder übersehen die Nöte unserer Mitstudenten. „Scotosis": das bedeutet endlose akademische Streitigkeiten in einer Welt voller Grausamkeit, bedeutet viel Geschwätz über den Hunger in der Welt, das Leute veranstalten, die an Übergewicht leiden. „Scotosis" gestattet Kirchenmännern, sich bequemen Diskussionen über das Reich Gottes zu widmen, obwohl sie wissen müßten, daß Gott mit den Armen, den Kranken, den Hungrigen und den Sterbenden ist. Mit Lonergans Worten: „Scotosis bedeutet ein irriges Denken zum Zweck, das Bewußtwerden von Tatsachen zu verhindern, die unangenehme Einsichten aufkommen lassen würden" (ebd. 192). Man kann tatsächlich mit Bestürzung entdecken, wie wir uns solche unerwünschte Einsichten vom Leibe halten.

Warum ist diese „scotosis" so schwer zu heilen? Was schlägt uns mit anhaltender Blindheit für das Offensichtliche? Wenn wir einige Antworten auf diese Fragen finden könnten, könnten wir zumindest ein Stück weit anfangen, zu verstehen, weshalb es so starke Widerstände gegen das Lernen gibt und warum es so schwierig ist, aus dem Lehren einen erlösenden Prozeß zu machen.

Ich möchte drei Gründe unterbreiten, die uns vom Lernen abhalten und zugleich viele der „scotomas" in der Lehrer-Schüler-Beziehung erklären: 1. eine falsche Auffassung, 2. einen unangebrachten Druck, 3. die Angst, sich selber zu sehen, wie man ist.

1. Eine falsche Auffassung

Viele Lehrer und auch viele Studenten handeln immer noch aus der irrigen Auffassung, es sei besser zu geben als zu empfangen. Lehrer möchten den Studenten etwas geben – eine Idee, eine Meinung, eine bestimmte Fertigkeit, ihren Rat und viele andere Dinge, von denen sie annehmen, daß die Studenten das von ihnen erwarten – und umgekehrt bemessen die Studenten den Wert ihrer Lehrer nach dem, was sie ihnen zu geben haben.

Es ist gar nicht so einfach, den wahren Sinn des Ausspruchs Christi zu verstehen: „Geben ist seliger als nehmen" (Apg 20,35). Zuweilen müssen wir uns nämlich eingestehen, daß der größte Dienst, den wir unserem Mitmenschen erweisen können, vielleicht der ist, zu *nehmen* und ihm das glückliche Gefühl schenken zu können, er sei der Geber. Denn ein gut Stück unseres Glücks im Leben stammt aus dem Umstand, daß wir *geben* können und daß wir Freunde haben, die bereit sind, unsere Gaben anzunehmen und sie zu einem Teil ihres Lebens zu machen. Dadurch wiederum bringen wir sie in die Verlegenheit, uns infolge unserer Gaben verpflichtet zu sein – und das tut uns offensichtlich gut. Wir fühlen uns glücklich, wenn wir feststellen, daß ein Freund das Bild, das wir ihm geschenkt haben, recht deutlich sichtbar in seinem Wohnzimmer an die Wand gehängt hat. Nur stellt sich die Frage: hätten wir ihm auch die Freiheit gelassen, es in seiner Rumpelkammer zu verstauen?

Ein Geschenk wird erst zum Geschenk, wenn es angenommen wird, und nichts von dem, womit wir andere beschenken können, seien es Reichtümer, Talente, Kompetenz oder einfach Schönheit, wird jemals zum wirklichen Geschenk, wenn nicht irgend jemand Hand oder Herz auftut, um es entgegenzunehmen.

All das legt nahe, daß der, welcher jemandem zum Wachsen und Reifen verhelfen möchte – das heißt, ihm helfen möchte, seine Anlagen und Fähigkeiten zu entdecken und die Erfahrung zu machen, daß er etwas hat, wofür es sich zu leben und zu arbeiten lohnt –, zuallererst einmal fähig sein sollte, die Talente dieses Menschen zu erkennen und sich von ihnen beschenken zu lassen. Denn der Mensch wird nur dann ganz zum Menschen, wenn er erfährt, daß man ihn an- und aufnimmt. Auf diese Weise könnten viele Studenten bessere Studenten sein, als sie es augenblicklich sind, wenn es jemanden gäbe, der ihnen helfen würde, ihre Fähigkeiten zu erkennen, und der sie als wirkliches Geschenk für sich selbst betrachten würde. Studenten wachsen in dem Augenblick über sich hinaus, wo sie entdecken, daß sie ihrem Lehrer etwas Neues zu sagen imstande waren, ohne daß der Lehrer sich bedroht fühlte, sondern daß er im Gegenteil dankbar dafür war. Genauso könnten Lehrer viel bessere Lehrer sein, wenn die Studenten bereit wären, das Beste aus ihnen herauszuholen und ihnen durch Zeichen der Dankbarkeit und durch schöpferisches Mittun zu zeigen, daß sie sie schätzen. Zu viele Menschen bleiben mit ihren Talenten allein und lassen sie brach liegen, weil sie fürchten, niemand interessiere sich wirklich für sie. Sie ziehen sich dann in ihre eigene Phantasiewelt zurück und leiden an einem zunehmenden Verlust an Wertschätzung ihrer selbst.

Solange wir mit der falschen Auffassung leben, unsere erste Aufgabe bestehe im Geben, kann unsere „scotosis" nicht geheilt werden, und die schöpferischsten Einsichten bleiben unserem Bewußtsein vorenthalten.

2. Ein unangebrachter Druck

Eine zweite Ursache, die verhindert, daß unsere „scotosis" geheilt wird, ist der, daß wir ins tödliche Netzwerk eines modernen Erziehungsprozesses verstrickt sind, das uns den Glauben einimpft, wir seien bessere und kompetentere Menschen, wenn wir bessere Zeugnisse, wertvollere Diplome und höhere akademische Auszeichnungen haben. Sowohl Lehrer als auch Studenten verbringen unzählige Stunden mit der Anstrengung, die physisch und geistig erschöpfende Routine des Universitätsalltags durchzuhalten. Wir messen Prüfungsergebnissen, Notendurchschnitten und Diplomen so großen Wert zu, daß wir dazu neigen, einem Mann mit einem Doktor- oder Professorentitel blind zu vertrauen – auch wenn es der gleiche Mensch ist, den wir einige Monate vorher, als er noch ums Bestehen seiner Examina kämpfte, eher als einen dieser verantwortungslos aufmüpfigen Studenten bezeichnet hätten.

Ein fragwürdiger Druck seitens der Gesellschaft zwingt uns, in ungesundem Maß Respekt vor der amtlichen Anerkennung unserer intellektuellen Leistungen zu haben. Er lenkt uns hartnäckig von unseren ganz persönlichen Bedürfnissen ab und hindert uns daran, tiefere Einsichten in unsere persönlichen Erfahrungen zu gewinnen. Aber eben solche Einsichten könnten der Ausgangspunkt dafür werden, daß wir unser Leben mit schöpferischer Phantasie neu entwerfen.

3. Die Angst, sich selber zu sehen, wie man ist

Der letzte und stärkste Widerstand gegen das Lernen hat jedoch tiefere und zähere Wurzeln. Es ist der Widerstand gegen den Anspruch einer Bekehrung, die sich aus einer „kenotischen" Konfrontation mit sich selbst ergibt. Die unerläßliche Voraussetzung dafür, daß wir auf schöpferische Weise aufnahmefähig werden und die versklavenden Fesseln der akademischen Gleichmacherei sprengen, ist die Fähigkeit und Bereitschaft, unserer grundsätzlichen menschlichen Situation voll ins Gesicht zu schauen. Diese grundlegende Selbsterkenntnis, die schmerzlich ist, stellt die Grundbedingung alles Lernens dar, und Studenten und Lehrer sind dabei im gleichen Maß gefordert. Es ist die Erfahrung, daß sowohl Lehrer wie Studenten grundsätzlich in der gleichen Lage sind: nämlich als nackte, machtlose, sterbliche Wesen, die im Letzten völlig allein und nicht imstande sind, einander oder sonst jemanden zu erlösen. Es ist die erschütternde Entdeckung unserer Solidarität in der Schwachheit, die Entdeckung unsres verzweifelten Bedürfnisses, von der Sklaverei befreit zu werden. Es ist das Eingeständnis, daß beide Seiten in einer Welt voller unwirklicher Dinge leben und daß sie sich von äußerst belanglosen Süchten und den abgeschmacktesten Ambitionen treiben lassen.

Nur wenn Studenten und Lehrer bereit sind, voll und

ganz zu dieser schmerzlichen Wahrheit über sich selbst zu stehen, gewinnen sie die Freiheit für ein wirkliches Lernen. Denn nur in den Tiefen seiner Einsamkeit, wenn man nichts mehr zu verlieren hat und sich nicht länger an das Leben wie an einen unveräußerlichen Besitz klammert, kann man sensibel werden für das, was sich in der Welt wirklich abspielt und kann sich dem angstfrei zuwenden.

Diese Bekehrung ist kein plötzliches Ereignis, sondern ein fortlaufender Prozeß, und sie ist die wichtigste Vorbedingung dafür, daß man erlösende Einsichten hat und fähig wird, seine vielen blinden Flecken zu beheben.

Wir haben also gesehen, wie eine falsche Auffassung, ein fragwürdiger Druck und die Angst, sich selber zu sehen, wie man ist, wie all das es äußerst schwierig machen, uns von der „scotosis" zu heilen; unseren Widerstand gegen das Lernen aufrechterhält und uns daran hindert, die echte Möglichkeit einer erlösenden Form von Lehren zu verwirklichen.

Schlußfolgerung

Der Grundgedanke dieses Kapitels war: wir können letztlich nur dann von einer gewalttätigen zu einer erlösenden Form des Lehrens übergehen, wenn wir selbst eine Bekehrung durchmachen, die unsere gesamte Persönlichkeit umfaßt und die starken Widerstände gegen das Lernen in uns überwindet.

Jesus verdient den Titel „Lehrer" im vollsten Sinn des Wortes, denn er hielt nicht an seiner Vorrangstellung fest, sondern wurde ganz wie die vielen, die lernen müssen. Sein Leben zeigt uns deutlich, daß wir keine Waffen brauchen und daß wir uns nicht zu verstecken oder Konkurrenzspiele miteinander zu treiben brauchen. Nur wer furchtlos seine Schwächen zeigen und es zulassen kann, daß ihn die wohlwollende Hand des Lehrers ergreift, kann ein wirklicher Schüler werden. Denn wenn Erziehung eine Herausforderung an die Welt sein soll, dann ist es Christus selber, der sowohl Lehrer als auch Schüler herausfordert, ihre Abwehrhaltung aufzugeben und sich für wirkliches Wachsen zu öffnen. Es kann sein, daß wir von unserem hohen Roß geworfen werden und eine Zeitlang blind sein müssen, um diese Bekehrung an uns geschehen zu lassen. Sie besteht darin, uns von unseren „scotomas" zu heilen, aber das Ergebnis wird schließlich sein, daß sich uns eine ganz neue Sicht aller Dinge erschließt, und das könnte zur Folge haben, daß ein neuer Mensch in einer neuen Welt zustande kommt.

Zweites Kapitel

Mehr als das Wiederholen einer alten Geschichte

Über das Predigen

Begreifen und zur Verfügung stehen

Einleitung

1857 schrieb Anthony Trollope in den „Barchester Towers": „Die größte Strapaze, die derzeit der Menschheit in zivilisierten und freien Ländern auferlegt wird, ist vermutlich die, den Predigten der Geistlichen zuhören zu müssen" (vgl. U. S. Catholic, Juli 1970, „Let's abolish the Sunday Sermon", von Daphne D. C. Pochin Mould). Es würde mich nicht überraschen, wenn heutzutage viele Menschen dieser Behauptung immer noch zustimmen würden.

Um so erstaunlicher ist die Tatsache, daß es immer noch so viele Prediger gibt, die zu predigen willens sind, und so viele Menschen, die zum Zuhören bereit sind. Woher kommt das? Vielleicht daher, daß die Menschen von heute immer noch genau wie die Menschen vor hundert Jahren den Wunsch haben, sich selbst, ihre Lebensumstände und ihre Welt tiefer zu verstehen und dadurch die Freiheit zu erlangen, Christus nachzufolgen – das heißt, fähig zu werden, so authentisch zu leben, wie Christus gelebt hat. Das Ziel der Predigt besteht tatsächlich genau darin, dem Menschen zu dieser grundlegenden Einsicht zu verhelfen.

Einsicht und Begreifen ist mehr als intellektuelles Verstehen – es ist ein Wissen bis auf den Grund, ein Wissen, zu dem der Mensch als Ganzer ja sagen kann. Es ist ein Begreifen, das den Menschen vollkommen durchdringt, vom Kopf bis zum Herzen, vom Scheitel bis zur Sohle, vom Gehirn bis ins innerste Mark. Wenn jemand dieses alles durchdringende Wissen erlangt, wird er instand gesetzt, wirklich auf das Wort Gottes zu hören und dem Licht zu folgen, das in seine Finsternis eingedrungen ist. So gesehen, besteht eine der wichtigsten Aufgaben des Predigens darin, die wirklichen und ganz offenkundigen Hindernisse auszuräumen, die den Menschen daran hindern, beim Zuhören tatsächlich etwas zu begreifen.

Vor nicht allzu langer Zeit hielt ein Freund von mir bei einer Sonntagsmesse in einer Kirche in Holland eine Predigt, auf deren Ausarbeitung er mindestens drei Tage verwandt hatte. Nach dem Gottesdienst sah ich einen Siebzehnjährigen in der hintersten Kirchenbank sitzen. Weil ich meinem Freund bei der Predigtvorbereitung geholfen hatte, hätte ich gern gewußt, wie die Predigt auf die Zuhörer gewirkt hatte. So ging ich zu dem Jugendlichen und sagte: „Wie hat Ihnen die Predigt gefallen?“ Er schaute mich an, als hätte ich keine dümmere Frage stellen können, streifte sich das Haar aus den Augen und sagte: „Bei Predigten höre ich nie zu. Da halte ich immer mein Nickerchen.“ Sozusagen aus der Bahn geworfen durch diese Antwort, schaute ich in die Runde nach jemandem, der mir vielleicht eine ermutigendere Auskunft geben konnte. Ich sah einen Mann in den Dreißigern, der mit seiner Frau und den Kindern gerade die Kirche verließ. Ich hielt ihn an und sagte: „Entschuldigen Sie, darf ich Sie etwas fragen? Wie hat Ihnen die heutige Predigt gefallen?“ Er gab unverzüglich zur Antwort: „Na ja, dieser Priester macht einen recht netten Eindruck. Er ist noch jung und muß natürlich noch einiges dazulernen. Dieses ganze Gerede über Camillo Torres und Martin Luther King, und daß wir alle mithelfen sollten, die Kirche zu verändern – wissen Sie, am liebsten würde ich einmal selber auf die Kanzel gehen und etwas sagen. Manchmal juckt es mich gewaltig, und ich möchte am liebsten aufstehen und etwas dazu sagen – aber meine Frau meint, ich rede daheim genug und sollte wenigstens in der Kirche den Mund halten."

Die Gleichgültigkeit des Jugendlichen und die Voreingenommenheit des Mannes sind zwei Haltungen der Predigt gegenüber, die viele Menschen daran hindern, auf die Seelsorger und Priester wirklich zu hören, die ihr Bestes zu geben versuchen, um die Hunderte von Menschen zu erreichen, die immer noch bereit sind, ihre Kirchen sonntags zu besuchen. Wenn die Predigt darauf abzielt, den Menschen zur Einsicht zu verhelfen, und wenn Gleichgültigkeit und Voreingenommenheit zwei der Haupthindernisse dafür sind, dann stecken wir mit dieser Erkenntnis mitten in der Problematik des Predigens.

Das Predigen ist ein Herzstück der christlichen Seelsorge. Historiker, systematische Theologen und vor allem Bibelwissenschaftler leisten wertvolle Beiträge, um diese wesentliche pastorale Aufgabe erfüllen zu können. Trotzdem wäre es eine gewaltige Anmaßung, auch nur den Versuch zu machen, die vielen Gesichtspunkte, die das Predigen betreffen, anzugehen. Daher möchte ich mich auf eine einzige Frage beschränken: „Wie muß der Mensch beschaffen sein, der in der Lage ist, die Hindernisse wegzuräumen, die das Wort Gottes daran hindern, auf fruchtbaren Boden zu fallen?"

Genaugenommen ist das die Frage, wie die Spiritualität des Predigers aussehen muß. Aber bevor wir diese Frage mit Erfolg behandeln können, müssen wir zunächst zwei Hauptschwierigkeiten beim Predigen näher ins Auge fassen: eine dieser Schwierigkeiten liegt an der

Botschaft selber, die andere am Botschafter. Folglich möchte ich dieses Kapitel dreiteilen: 1. die Schwierigkeit mit der Botschaft, 2. die Schwierigkeit des Botschafters, 3. der Mensch, der das Verständnis der Botschaft erschließen kann.

I. Die Schwierigkeit mit der Botschaft

Ganz gleich, um welche Botschaft es sich handelt: man kann sie nur übermitteln, wenn die betreffenden Menschen grundsätzlich bereit sind, sie anzunehmen. Zu dieser Bereitschaft gehört das Zuhörenwollen, gehören bestimmte Fragen, auf die man eine Antwort sucht, oder zumindest eine Art verschwommenes Gefühl, man wisse zu wenig und brauche Erläuterung und Verständnishilfen. Aber wenn man mit einer Antwort daherkommt, obwohl kein Mensch Fragen gestellt hat; wenn man Hilfe anbietet, wo kein Mensch Hilfe sucht; wenn man Ideen entwickelt, obwohl kein Mensch Interesse dafür hat, muß das unvermeidlich auf Voreingenommenheit oder bares Desinteresse stoßen.

Es ist kein Geheimnis: die Prediger in den Kirchen sehen sich oft vor die Tatsache gestellt, daß zwar viele Menschen da, aber nur wenige zum Zuhören bereit sind. Lehrer und Dozenten äußern zuweilen Predigern gegenüber eine gewisse Eifersucht, weil sie ein so großes Publikum haben. Sie vergessen dabei allzuleicht, daß die Gottesdienstgemeinden mit Abstand die Versammlungen sind, in denen die Teilnehmer am wenigsten zum Zuhören motiviert sind. Woher stammt dieser Mangel an Motivation? Ich vermute, es sind zwei Aspekte der Botschaft, die zumindest zum Teil dieses Phänomen erklären können: 1. die Botschaft wird zu oft wiederholt, und 2. die Botschaft hat angsterregende Momente.

1. Die Botschaft wird zu oft wiederholt

Wir sagen, der Inhalt der Predigt bestehe darin, eine neue, frohe Nachricht zu verkünden. Jedoch müssen wir nüchtern sehen, daß unsere Botschaft für die meisten Menschen absolut nichts Neues mehr enthält. Wenn man aber weiß, daß man immer nur längst Bekanntes zu erwarten hat, ist natürlich kein Mensch mehr auf die Predigt gespannt. Schließlich hat man doch über Jesus schon alles gehört, über seine Jünger, über seine hilfreichen Taten, seine Wunder, seinen Tod, seine Auferstehung. Man hat es daheim gehört, man hat es im Kindergarten gehört, man hat es in der Grundschule gehört und im Gymnasium und auf der Universität – man hat es schon so oft gehört und auf so viele verschiedene Arten und Weisen, daß das Letzte, was man von einer Kanzel her erwarten würde, wäre, etwas Neues zu hören zu bekommen.

Und der Kernsatz des Evangeliums: „Du sollst den Herrn, deinen Gott, lieben mit ganzem Herzen, mit ganzer Seele und mit all deinen Gedanken, und du sollst deinen Nächsten lieben wie dich selbst." (Mt 22,37–39) – dieser Kernsatz ist schon derart oft und eindringlich wiederholt worden, daß er für die Mehrheit der Menschen nicht mehr die mindeste aufrüttelnde Kraft enthält. Sie haben ihn von frühester Kindheit an gehört und werden ihn bis zu ihrem Tod immer wieder hören – es sei denn, sie werden seiner irgendwann derart überdrüssig, daß sie sich überhaupt nicht mehr der Möglichkeit aussetzen, mit dieser allzuoft wiederholten Wahrheit berieselt zu werden. Es ist amüsant zu beobachten, wie sich die

Menschen aufrecht hinsetzen und Mund und Augen aufsperren, wenn der Sprecher seine Predigt mit einer kleinen weltlichen Geschichte einleitet, um die Aufmerksamkeit zu wecken, wie sie aber alsbald Anzeichen der Schläfrigkeit erkennen lassen und sich eine bequemere Sitzhaltung verschaffen, wenn die allbekannte Redewendung kommt: „Und genau das, liebe Brüder und Schwestern, wollte Jesus sagen, als er sprach ..." Von diesem Zeitpunkt an sind die meisten Prediger allein und können sich nur noch auf ihre Stimmgewalt oder ihre originelle Gestik verlassen, um irgend jemanden anzusprechen. Es ist in der Tat eine traurige Wirklichkeit, daß der Name „Jesus" für viele Menschen jegliche aufrüttelnde Kraft verloren hat. Allzuoft passiert etwas Ähnliches wie in der katholischen Schule, wo der Lehrer fragte: „Kinder, wer hat die Dampfmaschine erfunden?" Zuerst war allgemeines Schweigen, aber dann streckte ein Knirps in der letzten Reihe die Hand und sagte gelangweilt: „Wahrscheinlich war's wieder dieser Jesus."

Wenn eine Botschaft so oft bekanntgegeben worden ist, daß sie völlig abgenutzt ist und keinerlei schöpferische Antwort mehr zu wecken vermag, kann man sie kaum mehr als echte Botschaft betrachten. Und wenn jemand dann trotzdem meint, er habe die Pflicht, bei ihrer Verkündigung körperlich anwesend zu sein, dann bleibt ihm wenigstens noch die Möglichkeit, die Augen und das Aufnahmevermögen zu schließen und innerlich abzuhängen.

2. Die Botschaft hat angsterregende Momente

Aber der Umstand, daß die Botschaft schon zu oft gesagt worden ist, ist nur ein Faktor, der die Menschen daran hindert, noch auf sie zu hören. Selbst wenn es den Tatsachen entsprechen sollte, daß die Predigt kaum noch irgend etwas Neues für die meisten Menschen enthält, steckt in der Kernbotschaft des Evangeliums dennoch eine Wahrheit, die noch niemand wirklich voll verwirklicht hat. Echtes Zuhören bedeutet im Grunde die ständige Bereitschaft, einzugestehen, daß man noch nicht ganz in die Tat und das Leben umgesetzt hat, was zu glauben man bekennt. Wer zum Beispiel hört gern, daß die Letzten die Ersten sein werden, wenn er zufällig der Erste ist? Und wer hört gern, daß die Armen, die Trauernden, die Hungrigen und Durstigen und die Verfolgten selig gepriesen werden, wenn er selber reich, selbstzufrieden, wohlgenährt, ein Freund gepflegter Weine und bei seinen Freunden allseits beliebt ist? Wer möchte hören, daß er seine Feinde lieben und beten soll für diejenigen, die ihn verfolgen, wenn er seinen Chef einen Idioten und seinen eigenen Sohn einen Tunichtgut heißt und wenn ihm vor Stolz die Brust schwillt, wenn er liest, daß unsere Jungs in Vietnam wieder ein paar hundert Vietkongs erledigt haben. Die Botschaft mag unser Lebtag lang die gleiche sein und mit unterschiedlichen Worten und Weisen wieder und wieder verkündet werden – wer sie wirklich an sich herankommen läßt, der riskiert immer noch, daß er zu Erkenntnissen kommt, die für seinen Lebensstil einschneidende Folgen haben könnten; und daran hat er durchaus kein Interesse. Genau besehen ist die Wahrheit radikal: Sie geht an die Wurzeln des menschlichen Lebens, und zwar so bedingungslos, daß es nur wenige Menschen gibt, die das zulassen und die Freiheit erlangen wollen, die das mit sich bringt. Es gibt tatsächlich eine offenkundige Angst, der Wahrheit in all ihrer Direktheit und Einfachheit ins Gesicht zu schauen. Darum neigen wir Menschen dazu, uns der Wahrheit mit Ärger und Wut zu verweigern, statt in Demut zuzugeben, daß auch wir zu der Art Menschen gehören, die Jesus kritisiert hat. Von da her gesehen sind zum Beispiel viele Sprüche beim sonntäglichen Frühschoppen nichts als fadenscheinige Versuche, alle irgend möglichen praktischen Konsequenzen der bedrohlichen Wahrheit zu zerreden. Wenn jemand sagt: „Am liebsten möchte ich hingehen und diesen Priestern einmal klarmachen, wie das Leben aussieht, wenn man verheiratet ist und drei Kinder hat", dann ist das häufig der Ausdruck eines tiefsitzenden Widerstands gegen die Mutmaßung, das Evangelium könnte auch einem Ehemann und Familienvater etwas Einschneidendes zu sagen haben. Und genau wie die Gleichgültigkeit den Menschen für das Wort des Evangeliums taub machen kann, so kann auch der Ärger den Weg zu neuen und befreienden Einsichten blockieren.

Der Umstand, daß die Botschaft schon zu oft verkündet worden ist und die Angst vor der Wahrheit scheinen die beiden wichtigsten Gründe dafür zu sein, daß es ein Prediger schwer hat, einen echten Zugang zu seinen Zuhörern zu finden. Das verstärkt sich vielleicht sogar noch, wenn die Anwesenden sich nicht frei fühlen, den Raum zu verlassen. Viele empfinden immer noch infolge irgendeiner fernen Autorität – sei es der Himmel selbst oder Rom oder das Generalvikariat – die Verpflichtung zu kommen, denn es ist ihnen eingeimpft worden, wenn sie es nicht fertigbrächten, wenigstens eine Stunde pro Woche etwas Langweiliges zu erdulden, erwarte sie ganz sicher am Ende ihrer Tage eine viel größere Qual. Die

Folge ist, daß sich der Prediger einer noch schwierigeren Aufgabe gegenübersieht: er soll die neue Botschaft verkünden, die in den Augen vieler weder neu noch gut ist.

Ehe wir der Frage nachgehen können, wie der Mensch beschaffen sein muß, der in der Lage ist, dessen tief im Menschen verwurzelten Widerstand gegen die Botschaft zu durchbrechen, müssen wir der Ehrlichkeit halber zugeben: es liegt nicht nur an der Botschaft, daß sich den Menschen keine zwar schmerzlichen, aber dennoch befreienden Einsichten erschließen. Sehr oft ist die Ursache dafür auch der Übermittler der Botschaft. Betrachten wir daher jetzt das Problem des Botschafters genauer.

II. Die Schwierigkeit des Botschafters

Viele Prediger verstärken eher den Widerstand gegen das Zuhören, statt ihn abzubauen. Das liegt an ihrer Art und Weise, wie sie ihre ewige Botschaft an die Menschen heranbringen möchten. Eine kritische Analyse vieler Predigten würde zeigen, daß der Prophet Jesaja recht hatte, als er sagte: „Ihr werdet hören und nicht verstehen und sehen und doch nichts wahrnehmen" (Jes 6,9–10), und daß obendrein noch viele Prediger gewiß nicht dazu helfen, diese Prophezeiung hie und da zu durchbrechen. So wird es nützlich sein, wenn wir uns einige Arten des Predigens etwas genauer ansehen; das wird uns helfen, die Schwierigkeit des Botschafters besser zu verstehen. Ich möchte behaupten, daß die zwei Hauptgründe dafür, daß ein Prediger oft statt Sympathie eher Vorbehalte weckt, folgende sind: 1. die Unterstellung nicht vorhandener Gefühle und 2. das Fixiertsein auf eine theologische Sichtweise.

1. Nicht vorhandene Gefühle

Sehr viele Predigten beginnen damit, daß leichtfertige Behauptungen aufgestellt wurden. Unbedenklich setzen viele Prediger bei ihren Zuhörern Gefühle, Gedanken, Fragen und Probleme voraus, die oft dem größten Teil von ihnen, wenn nicht allen, völlig fremd sind. Manche Prediger behaupten, daß ihre Zuhörer an Pfingsten jetzt sicher fragen werden, warum sie heute ein rotes Meßgewand tragen, oder daß die Zuhörer sicher die Frage beschäftige, warum der letzte Sonntag des Kirchenjahres nicht Ende Dezember sei, warum die Fastenzeit ausgerechnet vierzig Tage dauere, oder warum der Allerseelentag gleich auf den Allerheiligentag folge. In Wirklichkeit sind das alles Fragen, die die Leute überhaupt nicht interessieren. Es handelt sich dabei gewöhnlich um Überbleibsel in den verschwommenen Erinnerungen des Priesters an seine Liturgik-Vorlesungen und an das Volksmeßbuch von Pius Parsch.

Zuweilen werden ganze Predigten auf Gefühle eines Klerikers aufgebaut, die den Laien völlig fremd sind. Ich erinnere mich an eine Predigt, die ungefähr so anfing: „Heute sind wir alle hier versammelt, um die Himmelfahrt unseres Herrn Jesus Christus zu feiern. Es sind erst einige Wochen her, da war unser Herz voller Freude über die Auferstehung unseres Herrn – und jetzt empfinden wir bereits mit den Aposteln den Abschiedsschmerz darüber, daß er uns verläßt. Aber verzagen wir nicht, denn Jesus läßt uns nicht als Waisen zurück. Nein, er geht zum Vater, um uns in wenigen Tagen den Heiligen Geist zu senden. Und wie er seinen Aposteln neues Leben und neue Hoffnung geschenkt hat, so wird er auch unserer hier um den Altar versammelten Gemeinde neues Leben und neue Hoffnung schenken."

Es war nicht verwunderlich, daß auch der letzte Zuhörer abgeschaltet hatte, als der Prediger ans Ende seiner Ausführungen kam. Ich zählte ungefähr dreißig Menschen, die über die große, fast ganz leere Kirche verstreut waren. Kein Mensch schien sich daran zu erinnern, wie glücklich er an Ostern gewesen war, und kein Mensch schien sich seines Abschiedsschmerzes angesichts der Himmelfahrt des Herrn bewußt zu sein. Es gab keine Gemeinde, keine echte Feier, keine Gemeinschaft, und von Hoffnungslosigkeit oder von der Sehnsucht, den Heiligen Geist bald zu empfangen, war nichts zu bemerken. Was da war, waren ein paar Handvoll Individuen, die sich noch erinnerten, daß Himmelfahrt ein gebotener Feiertag war, und die noch gewissenhaft genug waren, aus diesem Grund zur Messe zu gehen.

Noch schlimmer als das ist jedoch, wenn Prediger meinen, ganz genau die Gefühle aller ihrer Zuhörer zu kennen. Ein gutes Beispiel dafür ist die folgende Einführung: „Brüder und Schwestern in Christus, in einer Zeit, in der wir alle zu Konkurrenten im Wettlauf um einen Platz an der Sonne geworden sind, wo wir gezwungenermaßen zu Gefangenen unserer Uhren und zu Sklaven unserer Terminkalender werden, wo wir von einer Ausschußsitzung zur nächsten rennen, sind wir taub geworden für die Stimme Gottes, die im Schweigen zu uns spricht und die wir in den stillen Momenten des Gebets wahrnehmen."

Das sagt ganz gewiß viel über den Prediger aus – aber was sagt es der Großmutter, die einen Großteil der Woche mit dem Lösen von Kreuzworträtseln verbracht hat, was dem Jungen, der gerade vom Baseballfeld heimgekommen ist, was seinem Lehrer, der seinen freien Samstag der Lektüre von Dostojewski gewidmet hat, und was der Hausfrau, die mit ihren Kindern einen unterhaltsamen Nachmittag im Zoo verbracht hat?

Vielleicht stimmt der eine oder andere in der Zuhörerschaft dem Prediger zu, aber die meisten von ihnen werden sich so weit fort von ihm fühlen wie vom sogenannten Wettlauf um einen Platz an der Sonne. Sie mögen sich dessen nicht bewußt sein, aber auf die eine oder andere Weise – durch eine Schutzschicht von Abgestumpftheit oder durch eine offensichtliche Bekundung von Ablehnung – werden sie zum Ausdruck bringen, daß sie sich nicht auf seiner Seite fühlen.

2. Das Fixiertsein auf eine theologische Sichtweise

Ein zweites und noch schwierigeres Problem, das es zu bewältigen gilt, ist das Fixiertsein des Predigers auf theologische Fragen. Manche Prediger sind so begeistert von einem neuerschienenen Buch, das sie gerade gelesen haben, oder von einem neuen Gesichtspunkt, der ihnen gerade aufgegangen ist, daß sie sich gedrängt fühlen, ihre Begeisterung mit anderen zu teilen. Aber meistens stellen sie mit großer Enttäuschung fest, daß Karl Rahner, Harvey Cox oder Schillebeeckx ihren Hörern völlig gleichgültig sind und sie durchaus nicht im gleichen Maß faszinieren wie sie selber. Der Hauptgrund dafür ist nicht, daß deren theologische Ideen nicht gültig oder sinnvoll wären, sondern daß nicht nur die Prediger, sondern auch die Zuhörer ihre eigenen „Theologien" haben. Ich will das mit einer Geschichte erläutern.

Ein Theologiestudent wurde gebeten, eine Predigt über den Begriff des „Reiches Gottes" zu halten. Er studierte sorgfältig die Heilige Schrift und las die neueste Literatur über dieses Thema. Als er glaubte, eine einigermaßen klare Vorstellung über das „Reich Gottes" zu haben und seine Predigt zum Vortrag parat hatte, wurde ihm vorgeschlagen, zuerst noch vier Familien in der Pfarrei zu besuchen, in der er predigen sollte, und sie zu fragen, was für sie das „Reich Gottes" bedeute.

Als erstes kam er zu einem Meteorologen, einem wissenschaftlich gebildeten Mann, der im Laufe seines Lebens viele Bücher gelesen und entdeckt hatte, daß das Machen von Vorhersagen ein reichlich kompliziertes Geschäft ist. Dieser Meteorologe sagte: „Das Reich Gottes ist die Erfüllung der Verheißungen Gottes, und der Mensch sollte sich aller ungesunden Neugier enthalten, wie das genau zustande kommen wird."

Dann kam der Student zum Inhaber eines Geschäfts, der bankrott gemacht hatte und dessen Frau seit vielen Jahren krank war. Und der Geschäftsmann sagte: „Das Reich Gottes ist der Himmel. Dort werde ich einmal dafür belohnt werden, daß ich mein schweres, sorgenreiches Leben bestanden habe."

Vom Geschäftsmann kam er zu einem reichen Landwirt, der eine tüchtige Frau und zwei nette und gesunde Kinder hatte. Der Landwirt sagte: „Das Reich Gottes ist ein prächtiger Garten, wo wir alle das Schöne, was wir in diesem Leben erfahren haben, in ewigem Glück fortsetzen werden."

Schließlich kam der Student ins Haus eines Arbeiters, der ein gutes Handwerk erlernt hatte und stolz darauf war, sein Geld mit der Arbeit seiner eigenen Hände zu verdienen. Und der Arbeiter sagte: „Das Reich Gottes war eine schlaue Erfindung der Kirche, um die Ungebildeten glücklich und die Armen zufrieden zu machen. Aber ich kann für mich selber sorgen, ich habe eine gute Anstellung, und ich brauche nicht auf ein Reich Gottes zu warten, das irgendwann einmal kommen soll."

Als der Theologiestudent von seinen Besuchen heimkam und seine Predigt noch einmal durchlas, ging ihm plötzlich auf, daß seine Ideen denjenigen des Meteorologen am nächsten kamen; denn der war daran gewöhnt, mit Ungewißheiten zu leben. Aber der Geschäftsmann, der auf ewigen Lohn hoffte, der Landwirt, der auf eine Fortsetzung seines glücklichen Lebens wartete, und der Arbeiter, der das Reich Gottes in der Arbeit seiner eigenen Hände suchte, würden ihn nicht verstehen. Er las dann noch einmal die Heilige Schrift nach und entdeckte, daß im Reich Gottes für alle vier seiner Pfarrkinder Platz war. (Diese Angaben habe ich benützt mit der Erlaubnis von Leo Lans, Student am Katholischen Theologischen Institut in Utrecht, Holland.)

Vielleicht besteht die größte Versuchung des Predigers in der Vorstellung, nur er habe eine Theologie, und zu glauben, das beste sei, er bekehre alle seine Zuhörer zu seiner Denkungsart. Wenn er das tut, bleibt ihm verborgen, daß er darin versagt, in einem sehr konkreten Sinn seine Nächsten zu lieben wie sich selbst, denn er hat ihre Sichtweisen und Erfahrungen nicht genauso ernst genommen wie die seinigen. Ist das aber so, dann werden tatsächlich viele, die sich anhören, wie er die Dinge sieht, mit Gleichgültigkeit oder Verwirrung reagieren, ohne genau zu wissen, warum. Der Prediger jedoch, der viel Zeit darauf verwendet, Bücher zu studieren und seine Predigten vorzubereiten, wird zunehmend enttäuscht werden aus dem Gefühl heraus, daß sich niemand das Wort Gottes anhören will. Jedoch hat er über all dem ganz übersehen, daß vielleicht Gottes Wort nicht genau den gleichen Klang haben muß wie sein eigenes Wort. Wenn der Prediger an nicht vorhandene Gefühle anknüpfen will und ängstlich auf seine eigene Theologie bedacht ist, verstärkt er eher den

Widerstand, der gegen die Botschaft besteht, als daß er ihn vermindert.

Nach diesen Überlegungen steht die Frage an, wie der Prediger dieses Problem meistern kann. Wir müssen jedoch gleich sagen, daß schon diese Frage falsch gestellt ist, denn es gibt kein Hilfsmittel, keine Technik und keine spezielle Fertigkeit zur Lösung dieses Problems eines jeden Predigers. Aber vielleicht gibt es eine „Spiritualität" – eine Lebensart –, die zur Hoffnung berechtigt, der Mensch, der den andern zu einer befreienden Einsicht verhelfen und sie zur Nachfolge Christi befähigen möchte, könne diesen Dienst wirksam ausüben. Darum wollen wir jetzt die Art Mensch genauer betrachten, der anderen zu dieser Erkenntnis verhelfen kann.

III. Der Mensch, der das Verständnis der Botschaft erschließen kann

Aufgabe jedes Predigers ist es, den Menschen bei ihrem fortwährenden Kampf, sie selbst zu werden, beizustehen. In erster Linie wird diese Hilfe dadurch geleistet, daß man Christus verkündigt, der sein Leben mit der zunehmenden Bereitschaft verwirklicht hat, seiner eigenen Lage ins Auge zu schauen, und ebenso nüchtern die Lage der Welt anzunehmen, in der er sich vorfand. Die Art, wie er das getan hat, ermutigt den Menschen, ihm nachzufolgen; das heißt, sein Leben mit der gleichen Ehrlichkeit und Echtheit wie er zu leben, selbst um den Preis von Tränen, Schweiß und eines möglicherweise gewaltsamen Todes.

Jeder Prediger hat den Auftrag, die Hindernisse aus dem Weg zu räumen, die diesen schmerzlichen Prozeß der Menschwerdung des Menschen blockieren. Das ist eine schwierige Aufgabe, denn im Menschen scheint ein tiefer Widerstand gegen alle Veränderung zu sitzen, zumindest was seine grundsätzliche Einstellung zum Leben betrifft. Wenn wir erst einmal einen mehr oder weniger zufriedenstellenden Standpunkt haben, neigen wir dazu, uns an ihn zu klammern, denn es scheint immer noch besser, wenigstens einen bescheidenen als überhaupt keinen Standpunkt zu haben. In diesem Sinn ist der Mensch zutiefst konservativ. Er ist ständig versucht, seine kostbarste menschliche Fähigkeit zu verleugnen – nämlich, seinen Standpunkt zu ändern – und allzuleicht seiner Neigung nachzugeben, sich auf eine bequeme Routine einzuspielen. In vielerlei Hinsicht hegt er Widerstände gegen den Ruf dessen, der sagt: Wenn du jung bist, kannst du dich selbst gürten und hingehen, wohin du willst, aber wenn du älter wirst, mußt du die Hände ausstrecken und ein anderer wird dich gürten und dich führen, wohin du nicht willst (vgl. Joh 21,18). Ganz entgegen unserer Vorstellung, der Erwachsenenstand stelle die Fähigkeit dar, sein Leben selbst in die Hand zu nehmen, beschreibt Jesus das Erwachsensein als den Lebensabschnitt, in dem es darum geht, immer mehr die Fähigkeit zu entwickeln, seine Hände auszustrecken und sich von jemand anderem führen zu lassen.

Kein Wunder also, daß ein Prediger sehr mutig sein muß: er macht sich daran, die Hindernisse für diesen Wachstumsprozeß auszuräumen und die Menschen anzuleiten, sich in Freiheit einem anderen zu übergeben und sich von jemand anderem gürten zu lassen.

Die beiden Grunderfordernisse an einen Prediger, der diesen fortwährenden Wachstumsprozeß in Gang bringen will, scheinen mir: 1. Dialogbereitschaft und 2. Verfügbarkeit.

1. *Die Fähigkeit zum Dialog*

Wenn ich das Wort „Dialog" gebrauche, denke ich nicht an sogenannte „Dialogpredigten", in denen jeder sagen kann, was er will, noch an eine öffentliche Diskussion oder sonst irgendeine besondere Technik, die es erlaubt, daß die Leute sich aktiv beteiligen. Nein, nichts von alledem ist hier mit dem Wort „Dialog" gemeint. Ich möchte damit einfach eine Beziehung zu Menschen bezeichnen, die von der Art ist, daß sie es ihnen ermöglicht, auf das Gesagte mit ihrer eigenen Lebenserfahrung eingehen zu können. So besehen, ist „Dialog" nicht eine Technik, sondern eine innere Einstellung des Predigers: er soll bereit sein, in eine Beziehung einzutreten, in der die Partner gegenseitig aufeinander Einfluß ausüben können. Aus einem echten Dialog kann sich der Prediger nicht heraushalten. Er kann nicht unberührbar und unerwundbar bleiben. Er muß völlig und ganz persönlich beteiligt sein. Das kann ein ganz innerlicher Vorgang sein, in dem kein Austausch von Worten stattfindet, aber er erfordert das Wagnis völligen Sich-Hineingebens in die Beziehung zwischen Vortragendem und Zuhörer. Nur dann läßt sich von einem wirklichen Dialog sprechen.

Findet dieser Dialog statt, dann wird dem Zuhörer etwas über sich selbst zu Bewußtsein kommen, denn die Worte des Predigers werden in seinem eigenen Herzen einen Resonanzboden und in seiner eigenen Lebenserfahrung einen Ankergrund finden. Wenn die Zuhörer die Worte des Predigers so nah an sich heran lassen, daß sie ihnen in Fleisch und Blut übergehen, können sie sagen: „Was du laut gerufen hast, das habe ich im Finstern geflüstert; was du so deutlich aussprichst, habe ich immer irgendwie geahnt; was du ins helle Licht gestellt hast, habe ich immer in mir vergraben gefühlt; was du so fest in der Hand hältst, ist mir schon immer durch die Finger geschlüpft. Ja, ich finde mich in deinen Worten wieder, denn deine Worte kommen aus den Tiefen unserer menschlicher Erfahrung und sind deshalb nicht nur deine, sondern auch meine Worte; deine Einsichten gehören nicht nur dir, sondern auch mir."

Wenn der Zuhörer das zu einem Prediger sagen kann, hat ein wirklicher Dialog stattgefunden. Und wären wir ein wenig spontaner und nicht so gehemmt, dann würde der Zuhörer laut rufen: „Ja, Bruder, du hast es ganz richtig gesagt. Ja, Amen Halleluja!" Nur wenn das der Fall ist, erlebt man einen wirklichen Dialog, kann man bestätigen, wer man wirklich ist, kann man auch bekennen, daß man nicht nur Mängel und Fehler hat, sondern daß man auch dringend das Wort Gottes braucht, das die Kraft hat, einen frei zu machen. Wenn dagegen jemand nicht in der Lage ist, zu verstehen, was in seinem Innern vorgeht; wenn jemand nicht begreift, was er wirklich will, fühlt oder tut, dann können die Worte, die ihn berieseln, nicht in seine Personmitte vordringen. Wenn Gefühle, Ideen und Impulse in einem undurchdringlichen schmutzigen Klumpen zusammenkleben, kann kein Tau Früchte daraus hervorbringen und können keine Wolken „den Gerechten herabregnen".

Aber wenn dem ängstlichen und unzugänglichen Menschen ein Mitmensch begegnet, der ihn seine Solidarität spüren läßt und ihm Einsicht und Verständnis anbietet, und damit Anerkennung und Klärung, dann kann seine Verwirrung behoben werden, und es können Pfade sichtbar werden, die ins Licht führen. Dann können der Meteorologe, der Geschäftsmann, der Landwirt und der Arbeiter erkennen, daß der Mann da vorne ganz einfach den Schleier etwas mehr lüftet, der sie bislang daran gehindert hatte, nicht seinen, sondern ihren Standpunkt deutlicher zu sehen. Sie werden dann zugeben, daß er von ihnen spricht, und daß er das Wort Gottes nicht nur für sich allein gepachtet hat.

Ein großartiges Beispiel für einen solchen Dialog ist die Predigt, die William Sloane Coffin jr. in der Battel Chapel in New Haven, Connecticut, vor Jahren während der Tage der Gerichtsverhandlung über die „Panther" gehalten hat. Er begann diese Predigt mit den folgenden Worten: „Die meisten von uns hier sind heute von tiefer Trauer erfüllt. Der ‚Panther'-Prozeß spaltet nicht nur unsere Gemeinde hier in New Haven in zwei Lager, sondern in zunehmendem Maße auch die gesamte Nation; er spaltet auch jeden einzelnen von uns. Die tiefsten Gefühle vieler von uns sind derart im Zwiespalt, daß dieser Zwiespalt unsere Fähigkeit, zu denken lähmt, und alles Handeln, das auch nur entfernt aus Überzeugung oder Mitgefühl erwächst, verhindert" (Yale Daily News, Montag, 20. April 1970).

Das sind aus einer dialogischen Haltung gesprochene Sätze, und weil viele unter Coffins Zuhörern sie voll bestätigen konnten, erkannten sie darin ihre eigene Lähmung, und dieses Bewußtwerden war der Keim neuen Mutes, sich zu regen und etwas zu tun. Die Worte, die Coffins weiter gebrauchte, waren darum so ungeheuer wirksam, weil seine Zuhörer für sie bereit waren. Kein Wunder also, daß diese Predigt ein wichtiger Beitrag zu der konstruktiven Reaktion auf die schreckliche Situation wurde.

Aber noch einmal: der „Dialog" ist keine Technik oder eine spezielle Fertigkeit, die man in der Schule erlernen kann, sondern eine Lebenseinstellung. Niemand kann Coffin oder irgendeinen anderen wirksamen Prediger nachahmen. Letzten Endes kann der Dialog nur verwirklicht werden durch die Bereitschaft seitens des Predigers, in einem grundsätzlichen Sinn für seine Zuhörerschaft verfügbar zu sein. Und so möchte ich jetzt diese Verfügbarkeit genauer darstellen, weil sie das Herzstück der Spiritualität des Predigers ist.

2. *Die Verfügbarkeit*

Verfügbarkeit ist die grundlegende Bedingung für jeden Dialog, der zu einer erlösenden Einsicht führen soll. Der Prediger muß bereit sein, seinen eigenen Glauben, seine eigenen Zweifel, seine Ängste und Hoffnungen, Befürchtungen und Freuden, wie er sie versteht und erlebt, an die Zuhörer weiterzugeben, damit sie sich darin wiedererkennen; nur so kann er die vielen Hindernisse beiseite räumen, die das Wort Gottes daran hindern, Frucht zu bringen.

Aber gerade hier rühren wir an die Spiritualität des Predigers selbst. Will jemand verfügbar für andere sein, dann muß er zuerst einmal für sich selber verfügbar sein. Und wir wissen, wie ungeheuer schwierig es ist, für uns selber verfügbar zu sein und über unsere eigenen Erfahrungen frei verfügen zu können. Wir wissen, wie selektiv in Wirklichkeit unser Selbstverständnis ist. Sind wir Optimisten, so neigen wir dazu, uns an alle die Begebenheiten zu erinnern, die unsere positive Lebenseinstellung bestärken. Sind wir Pessimisten, sagen wir vielleicht zu uns selber: „Da hast du's: das ist heute schon wieder ein Beweis, daß ich nichts tauge." Aber wo ist der Realist, der imstande ist, alle seine Erlebnisse zuzulassen, also sowohl seine glücklichen als auch seine traurigen Augenblicke anzunehmen, seinen Haß genauso wie seine Liebe, weil das alles zur Fülle seiner menschlichen Erfahrungen gehört? Wenn jemand nicht alle seine Erfahrungen lebendig in sich trägt, neigt er dazu, nur diejenigen vor anderen ans Licht kommen zu lassen, die am besten in das Bild passen, das er von sich selber und seiner Welt haben will. Er ist dann engstirnig, ist blind für einen wesentlichen Teil seiner eigenen Wirklichkeit.

Ein Prediger, der wirklich wegweisend sein will, ist ein Mensch, der in der Lage ist, die volle Bandbreite seiner Lebenserfahrungen – seiner Erfahrungen im Gebet, im Gespräch und in seinen einsamen Stunden – mit denen zu teilen, die ihn gern als ihren Prediger haben möchten. Seelsorge besteht nicht darin, nervös herumzuhasten beim Versuch, andere Leute zu erlösen, sie im letzten Moment zu retten oder sie mittels einer zündenden Idee, einer intelligenten Bemerkung oder eines praktischen Rats aufs richtige Gleis zu setzen. Nein – der Mensch ist ein für allemal erlöst. Seelsorge meint im Grunde genommen: deine eigene Lebenserfahrung deinem Mitmenschen anbieten und, wie Paul Simon singt, dich selbst als Brücke über reißende Wasser zu legen.

Damit will ich nicht sagen, daß man dauernd von sich selbst reden soll, von seinen persönlichen Sorgen, seiner Familie, seiner Jugend, seinen Krankheiten oder seinen Hemmungen. Das hat nichts mit Verfügbarkeit zu tun. Das ist nur ein narzißtisches Spiel mit seinen eigenen Problemchen. Nein, was ich meine, ist, daß ein Prediger die Berufung hat, das Leben in einer solchen Tiefe zu erfahren, daß der Meteorologe, der Geschäftsmann, der Landwirt und der Arbeiter und alle andern früher oder später merken, daß er an Stellen rührt, an denen bei ihnen selbst etwas mitschwingt. So erschließt er ihnen die Möglichkeit, sich zu öffnen für das erlösende Wirken des Wortes Gottes. Denn, wie Carl Rogers sagt: „Das Allerpersönlichste ist auch das Allergemeinsamste" (On Becoming a Person, Houghton Mifflin, New York 1961, 26). Thomas Olden gibt dafür folgende Erklärung: „Wiederholt habe ich zu meinem Erstaunen gefunden, daß diejenigen Gefühle, die ich für meine privatesten und persönlichsten gehalten und von denen ich deshalb erwartet hatte, sie würden zuallerletzt von jemandem verstanden werden, tiefe und nachhaltige Resonanz bei anderen finden, wenn ich sie klar in Worte zu fassen vermag. Das hat mich zu der Überzeugung geführt, daß das, was ich auf besonders einzigartige und persönliche Weise empfinde, genau das ist, was auch andere in analoger Art zutiefst genauso empfinden. Nur muß ich dem einen genauen Ausdruck verleihen" (The Structure of Awareness, Nashville und New York 1969, 23 f.).

Wenn jemand einem Prediger zuhört, der wirklich voll über sich selbst verfügt und deshalb die Fähigkeit besitzt, seine eigene Lebenserfahrung als Quelle der Einsicht einzubringen, dann braucht er selber nicht mehr mit Angst seine eigene Lage und die Lage seiner Welt zu betrachten, denn derjenige, der vor ihm steht, ist das lebendige Zeugnis dafür, daß ihn die Einsicht freimacht und nicht in neue Ängste stürzt. Nur dann können Gleichgültigkeit und Ärger überwunden werden; nur dann kann das Wort Gottes, das schon so oft wiederholt und noch so selten verstanden worden ist, fruchtbaren Boden finden und in der Seele des Menschen Wurzel fassen.

Wir haben also jetzt gesehen, wie durch Verfügbarkeit ein echter Dialog stattfinden und dieser zu neuer Einsicht führen kann. Damit soll gesagt werden: das Wort Gottes, das ein Zeichen des Widerspruchs ist und wie ein Schwert das Herz des Menschen durchbohrt, kann die Menschen nur erreichen, wenn es Fleisch und Blut in dem geworden ist, der es verkündet.

Schlußfolgerung

Ich habe viele Worte gebraucht, um etwas sehr Einfaches zu sagen: Ein Prediger ist ein Mensch, der bereit ist, sein Leben für die ihm Anvertrauten hinzugeben. Das Wort Gottes kommt immer in die Welt, obwohl es oft der Gleichgültigkeit und verärgerter Verschlossenheit begegnet. Wer predigt, hat die Berufung, diese Widerstände beiseitezuräumen und die Menschen zu einem wirklichen Begreifen zu führen, das sie freimacht.

Wenn der Prediger den Widerstand gegen das Wort Gottes abbauen statt ihn verstärken will, muß er bereit sein, sich selbst ins Spiel zu bringen und sein eigenes Leiden und Hoffen mit anderen zu teilen, damit auch sie ihren eigenen, oft schwierigen Weg finden können. Niemand kann jemals von sich behaupten, ein vollkommener Prediger in diesem Sinn zu sein. Nur Christus war dazu voll und ganz fähig, denn nur er trat in einen rückhaltlosen Dialog mit denjenigen, die er liebte, indem er sein Leben in völliger Verfügbarkeit darbot. Aber unter all denen, die Zeugen seiner Hingabe bis zum Tod waren und das Blut und Wasser aus seiner durchbohrten Seite fließen sahen, waren nur einige wenige bereit, ihre Gleichgültigkeit und Ablehnung aufzugeben und zu der befreienden Einsicht zu kommen: „Wahrhaftig, dieser Mann war Gottes Sohn“ (Mt 27,54).

Überall, wo wirklich gepredigt wird, ereignet sich neu die Kreuzigung, denn kein Prediger kann auch nur einem einzigen Menschen das Licht bringen, ehe er nicht selbst in die Finsternis des Kreuzes vorgestoßen ist. Vielleicht hatte Anthony Trollope recht, als er sagte, die größte Strapaze, die derzeit der Menschheit in zivilisierten und freien Ländern auferlegt werde, sei die Pflicht, sich Predigten anhören zu müssen. Aber wenn wir wollen, daß unsere Länder wirklich frei und zivilisiert werden, dürfen wir die Hoffnung nicht aufgeben, daß es immer Menschen geben wird, die sich der Mühsal des Predigens unterziehen und die ihnen anvertrauten Menschen durch ihre eigene Dunkelheit in das Licht Gottes führen.

Drittes Kapitel
Mehr als fachmännische Lebenshilfe
Über die Einzelseelsorge

Kompetenz und Kontemplation

Einleitung

Jetzt möchte ich ganz konkret und ausdrücklich vom inneren Zusammenhang zwischen Einzelseelsorge und der Spiritualität des Seelsorgers sprechen. Daher will ich dieses Kapitel mit einer Geschichte beginnen, die Michael Smith erzählt hat, ein junger Mann, der am Stone Memorial Hospital als Seelsorger ausgebildet wurde. Michaels Abteilungsleiterin sagte ihm, ein Patient, Mr. Kern, habe Krebs und sei in einem sehr bedenklichen Zustand, und wenn irgend möglich, solle er ihn besuchen.

Michael machte also im Zimmer von Mr. Kern einen Seelsorgsbesuch; er trug einen weißen Kittel wie das Pflegepersonal, war aber durch ein Ansteckschild als Geistlicher ausgewiesen. Im Zimmer spielte sich folgendes Gespräch ab:

Mr. Kern: Sie sind neu hier. Ich glaube nicht, daß ich Sie im Ärzteteam schon gesehen habe.

Michael: Sicher, mich haben Sie noch nicht gesehen. Ich wäre eigentlich ganz gern schon einmal bei Ihnen vorbeigekommen. Ich bin ein bißchen spät dran. Ich bin einer der Seelsorger hier im Haus, Kaplan Smith.

Mr. Kern: Freut mich, Sie kennenzulernen.

Michael: Ganz meinerseits. Ich wollte nur kurz vorbeischauen und Ihnen sagen, daß wir Ihnen stets zur Verfügung stehen. Wir helfen Ihnen gern, wenn es irgendwie geht. Die Seelsorgszentrale ist über Nummer 2765 erreichbar, und wenn Sie gern einen Gottesdienst besuchen möchten, gibt es solche sonntags – einige ökumenische und eine Messe für Katholiken.

Mr. Kern: Ich bin Jude.

Michael: Ach so. Dann wird es Sie interessieren, daß ein Rabbi regelmäßig hier im Stone Memorial Krankenbesuche macht; er ist allerdings nur an bestimmten Tagen da. Darf ich ihn auf Sie aufmerksam machen?

Mr. Kern: Nein danke. Ich möchte ihn nicht behelligen – und auch sonst niemanden.

Michael: Ganz wie Sie wünschen. Sind Sie sehr krank gewesen?

Mr. Kern: Es hätte zum Sterben gereicht, aber ich will nicht. Und dieses ganze Herumgedokter hat nichts geholfen und hilft nichts. Es ist eine ständige Plagerei. Aber ich möchte mit niemand reden. Entschuldigen Sie mich bitte?

Michael: Bestimmt bin ich zu recht ungelegener Zeit gekommen. Ich hoffe, ich habe Sie nicht gestört oder aufgeregt. Trotzdem würde ich ganz gern von Zeit zu Zeit kurz vorbeischauen, und wenn's bloß ist, um Ihnen Guten Tag zu sagen und zu sehen, wie es Ihnen geht.

Mr. Kern: Sie würden mir einen großen Dienst erweisen – und das wäre mein größter Wunsch, wie ich auch zu den Ärzten gesagt habe –, wenn Sie und alle andern Leute mich ganz in Ruhe lassen würden. Von meiner Familie bekomme ich keinen Besuch, außer von

> meiner Frau. Zu meiner Tochter habe ich gesagt, sie soll mich nicht besuchen. Ich möchte nicht, daß sie mich in diesem Zustand sieht. Aber die Leute wollen mich einfach besuchen. Selbst ein Tier, das im Sterben liegt – ein Tier! –, darf sich verkriechen und allein sterben. Ich wiederhole: Es ist mein sehnlichster Wunsch, daß Sie das Zimmer verlassen und nicht mehr wiederkommen.

Michael ging in sein Zimmer zurück und schrieb: „Ich fühle mich entmutigt, ja sogar schuldig. Es war, als hätte er mir einen Tritt in den Magen versetzt."

(Diesen Fall benütze ich mit Erlaubnis von Dr. Seward Hiltner vom Theologischen Seminar Princeton.)

Der enttäuschende Besuch und die noch enttäuschendere Reflexion auf ihn läßt drei Fragen auftauchen, die immer wieder in Verbindung mit der Einzelseelsorge gestellt werden.

1. Wer bist du, Michael, daß du Mr. Kern besuchst?
2. Was für eine Art Beziehung erwartest du, daß der Patient mit dir eingeht?
3. Was kannst du deiner Überzeugung nach für ihn tun?

Diese drei Fragen beziehen sich auf die Identität des Seelsorgers, auf die Beziehung des Seelsorgers zu dem betreffenden Menschen und auf das, was der Seelsorger diesem Menschen vermitteln möchte. In den letzten Jahren sind viele Seelsorger und Priester in speziellen Kursen ausgebildet worden, um den individuellen Bedürfnissen ihrer Mitmenschen besser entsprechen zu können. Unter der Anleitung kompetenter Ausbilder und mit Hilfe neuer Erkenntnisse auf den Gebieten der Psychodynamik und speziell der Psychotherapie haben sich viele Menschen große Mühe gegeben, sich auf einen sinnvollen Dienst am Nächsten vorzubereiten, der verzweifelt nach dem Sinn seines Lebens und seines Sterbens sucht. Wenn sie sich dabei intensiv um die Erkenntnis ihrer eigenen Identität bemüht haben, um die Klärung ihrer Beziehungen zu anderen Menschen und um Möglichkeiten, diesen zu helfen, ist vielen Seelsorgern und Priestern aufgegangen, daß das für ihr ganz persönliches Leben weitreichende Konsequenzen hat. Diese Konsequenzen für die Spiritualität des Seelsorgers möchte ich hier erörtern.

Wir werden dieses Kapitel dreiteilen: Spiritualität und Identität des Seelsorgers, Spiritualität und die Beziehungen des Seelsorgers, Spiritualität und die Seelsorge.

I. Spiritualität und die Identität des Seelsorgers

Die erste Frage, vor die sich Michael Smith gestellt sah, war: Wer bin ich? Er ist kein Arzt des Ärzteteams am Krankenhaus, von dem erwartet wird, er heile Mr. Kern von seinem Krebs; er ist kein Psychologe, der darin geschult ist, Mr. Kern bei der Bewältigung seiner Ängste beizustehen; er ist kein Sozialarbeiter, der sich darum kümmern soll, daß die Beziehungen Mr. Kerns zu seiner Frau und seinen Töchtern so gestaltet werden, daß sie ihm Halt geben. Worauf ist er also spezialisiert, worin besteht sein unverwechselbarer Beitrag, seine ganz persönliche Hilfeleistung?

Diese Frage ist sehr realistisch in einer Welt, in der alle Verrichtungen immer professioneller werden und wo ständig neue Spezialgebiete erschlossen werden. In früheren Zeiten war der Seelsorger Arzt, Psychologe, Sozialarbeiter und Krankenschwester in einem; er war der universale Helfer in der Gemeinde, die Verkörperung von Wissen und Weisheit. Aber heutzutage haben die Seelsorger das Gefühl, auf allen Gebieten Amateure und auf keinem Gebiet Profis zu sein. Das ist ein sehr unklarer Zustand und weckt leicht das Gefühl, ein Stümper zu sein, schmerzlich wenig zu taugen, und sie bekommen Zweifel, ob ihre Theologie überhaupt so in die Praxis umgesetzt werden kann, daß sie den Menschen spürbar helfen kann.

Mir scheint, diese Frage nach der Identität des Seelsorgers hat zwei Seiten, die sorgfältige Beachtung verdienen:

1. Selbstsicherheit

Nach dem Besuch bei Mr. Kern fühlte sich Michael entmutigt und schuldig. Er hatte das Gefühl, sich jemandem aufgedrängt zu haben, der seine Hilfe weder angefordert noch dankbar angenommen hatte, und daß er als Seelsorger total versagt hatte.

Kein Seelsorger kann jemals ein schöpferisches, sinnvolles Leben führen, wenn dieses Gefühl vorherrschend wird. Jemand, der glaubt, er habe seinem Mitmenschen nichts Besonderes zu geben, und er werde eher als eine Randverzierung und nicht als wichtiger Beitrag zum Leben betrachtet, er werde mehr geduldet als benötigt – ein solcher Mensch wird früher oder später depressiv, apathisch, matt und vergrämt werden. Oder er wird schlicht und einfach zum Entschluß kommen, den Seelsorgsdienst aufzugeben und einen seiner Ansicht nach „richtigen" Beruf zu ergreifen.

Aber in welcher Lage bleiben dann ein Mr. Kern und

viele Menschen wie er? In welcher inneren Verfassung ist ein Mensch, der auf dem Sterbebett seine eigenen Kinder nicht sehen will, der die Ärzte verflucht, die ihm Linderung verschaffen wollen, und der bloß nach einem Loch verlangt, in das er sich wie ein Tier verkriechen und in dem er verenden kann; der nicht will, daß irgend jemand erfährt oder sieht, daß auch er sein Leben nicht selbst in der Hand hat? Weder Medizin noch Psychologie, weder Psychiatrie noch Sozialarbeit können jemals auf die letzte Frage eine Antwort geben, warum der Mensch zur Welt kommt, allmählich lernt, sich auf seine Füße zu stellen, sich mit jemand anderem zusammentut, anderen Menschen Leben schenkt, und dieses alte Spiel, dessen Ende er nicht absieht, immer wieder von neuem anfängt. Jemand, der nicht imstande war, im Laufe seines eigenen Lebens einen Sinn zu finden und es in seiner Endlichkeit anzunehmen, ist nicht in der Lage, wirklich als *Mensch* zu sterben, sondern ihm bleibt nur die Möglichkeit, wie ein Tier zu verenden. Verständlicherweise hatte die Leiterin der Pflegeabteilung, in der Mr. Kern lag, Michael gebeten, ihren Patienten zu besuchen. Sie wußte, daß Michael ihn nicht würde heilen können, aber sie spürte – vielleicht nur vage –, daß es einen gewaltigen Unterschied zwischen dem Sterben und dem Verenden gibt, zwischen dem Hergeben seines Lebens und der grimmigen Kapitulation in einer aussichtslosen Schlacht, zwischen dem Tasten nach dem Licht, das in der Todesstunde aufzudämmern beginnt, und dem Sich-auf-die-Seite-Drehen, um sich in einen Abgrund der Verzweiflung fallen zu lassen.

Michael wäre vielleicht nicht imstande gewesen, aus Mr. Kerns Sterben einen Akt menschlicher Hingabe zu machen. Die Grundlinien eines Lebens lassen sich gewöhnlich nicht binnen einer Stunde völlig ändern. Aber er hätte zumindest seine Berufung erkennen können, das Leben von Mr. Kern zu retten – das heißt, Hoffnung anzubieten, Haß in Liebe umzukehren, den Tod zu einer letzten menschlichen Tat umzugestalten, und seiner Frau und seinen Kindern die Möglichkeit zu erschließen, einen Schimmer Licht in den Augen ihres Gatten und Vaters zu entdecken – einen Schimmer des Lichtes, in das er als erster von ihnen im Begriff war, ganz hinüberzugehen.

Wenn ein Seelsorger feststellt, daß er in der Lage ist, Menschen das Leben zu schenken, indem er sie befähigt, ihrem wirklichen Zustand ohne Angst ins Gesicht zu schauen, wird er zugleich damit aufhören, sich selbst als jemanden am Rande der Wirklichkeit zu betrachten. Er weiß dann, daß er im Zentrum der Wirklichkeit steht. Viele Ärzte wissen aus Erfahrung, wie gefährlich es ist, einen Menschen zu operieren, der keinen Lebenswillen mehr hat; viele Psychologen sind ehrlich genug, um zuzugeben, daß sie dem Leben und Sterben keinen Sinn verleihen können, selbst wenn sie viel zur Aufklärung der Motivationen beitragen können, die Menschen antreiben, sich gegenseitig zu verletzen und zu heilen. Viele Soziologen wissen, daß alle Änderungen von Strukturen sinnlos sind, solange unklar bleibt, welchen Sinn diese Änderungen haben. Wenn der Mensch nicht mehr sieht, welchen Sinn sein Leben hat, gehen ihm die tragenden Perspektiven verloren. Er hascht nach allem, was seine unmittelbaren Bedürfnisse am besten befriedigt; er flieht in Träumereien, Sex und Drogen und findet schließlich vielleicht sein Leben derart sinnlos zerstückelt, daß die logische Konsequenz der Selbstmord wäre.

Einzelseelsorge ist in vieler Hinsicht der Dienst, der am dringendsten nötig und tatsächlich auch am meisten gefragt ist – sofern wir die Fragen zu entschlüsseln vermögen. Bei der Ausbildung zum Seelsorger ist vielleicht das Allerwichtigste, daß man lernt, Fragen zu hören, und daß der Seelsorger sich dessen bewußt wird, daß er mehr gebraucht wird, als er ahnt – daß Tausende von Menschen ständig die alte Frage Alfies stellen: „Was für einen Sinn hat denn das alles? Welchen Sinn hat es, daß wir essen und trinken, arbeiten und spielen, Geld verdienen und Kinder in die Welt setzen und unablässig gegen eine nie endende Abfolge von Frustrationen ankämpfen?" Oder um es mit der Yogavasistha zu sagen: „Welches Glück kann es in einer Welt geben, wo jeder geboren wird, um zu sterben?" (vgl. W. Allport, The Individual and his Religion, Macmillan 1960, 23)

Der Seelsorger hat die Berufung, sich auf diese Ebene zu begeben. Und wenn er die wirklichen Fragen erfaßt, die unter seinen Augen gestellt werden, wird ihm aufgehen, daß er an die innerste Mitte des Lebens rühren kann. Dann ist er fähig, sein geringes Selbstwertgefühl zu überwinden und kann entdecken, daß er seine eigene Identität als Seelsorger stärkt, indem er den Lebensmut seines Mitmenschen stärkt.

2. Selbstverleugnung

Indes – sobald jemand anfängt, ein starkes Selbstvertrauen oder sogar Stolz zu entwickeln, fallen einem einige Worte Christi ein, die das wieder in Frage zu stellen scheinen: „Wer mein Jünger sein will, der verleugne sich selbst ..., denn wer sein Leben um meinetwillen verliert, wird es retten" (Mt 16,24–25). Vor allem kommt einem die fast unglaubliche Aussage des heiligen Paulus in den Sinn: „Nicht mehr ich lebe, sondern Christus lebt in mir" (Gal 2,20). Vielleicht gerade wenn der Seelsorger entdeckt hat, daß er nicht nur einen bescheidenen Beitrag zu leisten hat, sondern daß er an den innersten Nerv des Lebens rührt; vielleicht gerade wenn er soweit gekommen ist, daß er sich selbst bejaht und die Erfahrung macht, daß sich seine Hoffnungen erfüllen und er das findet, was er im Leben gesucht hat, wird er mit dem unüberhörbaren Anspruch konfrontiert, sich selbst zu verleugnen, sich selbst als Diener, ja als unnützen Knecht in der hintersten Ecke zu betrachten.

Michael trug einen weißen Kittel, genau wie das Pflegepersonal, denn er wollte als Mitglied des Teams anerkannt werden. Aber Tatsache ist, daß Michael nicht wirklich zum Krankenhaus gehört, daß er keinen Status darin hat und über kein für ihn beschafftes Instrumentarium verfügt. Er ist nicht im Krankenhaus, um Mr. Kern gesund zu machen. In vielerlei Hinsicht ist er ein Außenseiter; er weiß nicht viel über Krankeiten, sondern nur etwas über Menschen, die gerade krank sind. Vielleicht ist sein weißer Kittel ein Symbol seiner Weigerung, offen zu zeigen, daß er in Wirklichkeit über keinerlei medizinische Fertigkeit oder Technik verfügt, sondern lediglich die Erlaubnis hat, als Außenseiter dazuzukommen, um Mr. Kern spüren zu lassen, daß er zwar nichts gegen seinen Krebs tun kann, aber sich dennoch sorgt um die Art, wie dieser Patient mit dem Leben und mit dem Sterben fertig wird.

Viele Seelsorger und Priester sind sehr darauf bedacht, mit den kompetenten Leuten mithalten zu können und eine ganz klare Identität zu haben. Aber ist es wirklich so wichtig, durch seinem Beruf eine solche Erfüllung zu finden? Der große Einfluß von Freud, Jung, Rogers und Frankl hat bei vielen Seelsorgern die Frage aufkommen lassen: Wie kann ich wirklich ich selbst sein, sowohl persönlich als auch beruflich? Offensichtlich stehen mehr

Geistliche auf den Wartelisten für Seminare in Sensitivity Training als auf den Wartelisten der Gästehäuser von Trappistenmönchen. Aber besteht unsere Berufung wirklich darin, unser eigenes Selbst bis zum Äußersten zu verwirklichen und uns Umstände zu verschaffen, in denen wir das erreichen, was wir als die Erfahrung höchsten Sinns, höchster Schönheit und Intensität betrachten?

Thomas Merton hat in einem seiner Spätwerke geschrieben: „Es wird ungeheuer wichtig für uns, uns von unserer Klischeevorstellung zu lösen, wir seien die potentiellen Subjekte besonderer einzigartiger Erfahrungen, oder die Kandidaten für höchste Verwirklichung, Erlangung und Erfüllung" (Zen and and the Birds of Appetite, New York 1960, 76).

Wäre Mr. Kern fähig gewesen, Michaels Besuch als etwas Hilfreiches zu empfinden, dann gewiß nicht deshalb, weil Michael über sehr viele Dinge Bescheid wußte und Antworten auf alle großen Lebensfragen bereit hielt, sondern weil er schutzlos war und sich jemandem vorbehaltlos widmen und ihm dadurch die Möglichkeit geben konnte, sich in aller Freiheit auszusprechen, nicht nur über seine Krebskrankheit, über seine Probleme oder augenblicklichen Sorgen, sondern auch darüber, was er vom Leben hielt und mit welchen Gefühlen er dem Sterben entgegensah.

Niemand kann seinem Mitmenschen wirklich dienen, wenn er nicht bereit ist, sich selbst zurückzustellen, um den Raum freizumachen, in dem Gott wirken kann. Wie sollen wir wirklich jemandem helfen können, wenn wir nur um uns selber kreisen? Solange wir uns krampfhaft auf irgendwelche Dinge fixieren, sind wir nicht wirklich auf die Mitte ausgerichtet. Das Einschlafenkönnen bedeutet, sich lösen vom Fixiertsein auf etwas. Und nur wenn jemand fähig ist, sich zeitweise selber zu vergessen, kann er echtes Interesse für andere entwickeln, das heißt, kann er in den Kern ihrer Sorgen vorstoßen.

So sind Selbstsicherheit und Selbstverleugnung zwei Seiten der Identität des Seelsorgers. Schließt das eine das andere aus? Unser neues Verständnis für die Tradition des Zen-Buddhismus hat uns deutlicher sehen helfen, daß wir eher der Idee der Selbsterfüllung als der Idee der Selbstentäußerung zuneigen. Dr. H. H. M. Fortmann, ein holländischer Priester-Psychologe, hat in der Erwartung seines baldigen Todes geschrieben: „... das religiöse Problem des Westens ... ergibt sich aus der Aufblähung des Ego. Wir haben das Gespür dafür verloren, daß es eine Erkenntnisweise gibt, die sich nur erschließt, wenn man sich in Ehrfurcht von sich selber löst und sich leer macht" (Oosterse Renaissance, Bilthoven 1970, 6).

Seit im Leben vieler, und besonders junger Menschen der Ost-West-Dialog eine Rolle spielt, sind wir uns der Tatsache bewußt geworden, daß es zwei Formen der Bewußtheit gibt. Die eine sagt: sei ganz du selbst, dann entwickelst du schöpferische Energien; die andere sagt: verliere dich in Gott, und seine schöpferische Energie kann durch dich wirken. Die eine Auffassung betont die individuelle Eigenart, die andere das Einswerden.

Die Ausbildung der Seelsorger hat in jüngster Vergangenheit stark unter dem Einfluß der westlichen Verhaltenswissenschaften gestanden. Das erklärt wenigstens zum Teil, daß die Hauptbetonung auf der Entwicklung der eigenen Persönlichkeit und Kreativität gelegen hat. Das macht auch verständlich, warum so viel Aufmerksamkeit darauf verwendet worden ist, dem Beruf des Seelsorgers eine klare Identität zu verschaffen. Aber wenn wir bestimmte Zeichen der Zeit richtig lesen, könnte es in Wirklichkeit so sein, daß immer noch die Weisen aus dem Morgenland die authentischsten Verehrer Christi sind, und daß der Weg Siddhartas, den Hermann Hesse so wunderbar beschreibt, ein überzeugendes Muster jener Entwicklung darstellt, die der Seelsorger der Zukunft persönlich durchlaufen muß. Wenn der Seelsorger sein Ego so aufgebläht hat, daß es seiner mystischen Vereinigung mit Gott im Wege steht, kann kein Michael einem Mr. Kern dabei helfen, das Sterben zu einem letzten Akt der Hingabe zu machen.

Indes, Selbstsicherheit und Selbstentäußerung sind keine Gegensätze; denn niemand kann etwas veräußern, was er nicht zuvor besitzt. Niemand kann sich in Liebe hingeben, wenn er kein wirkliches Bewußtsein von sich selber hat. Niemand kann Intimität erfahren, der nicht zuvor seine Identität gefunden hat. Jesus hat dreißig Jahre lang in einer Familie gelebt. Darin ist er zu einem Menschen geworden, der wußte, wer er war und wohin er gehen wollte. Erst dank dieser Voraussetzung war er fähig, sich selbst zu entäußern und sein Leben für andere hinzugeben. Das ist der Weg jeder Seelsorge. Durch eine lange und oft schmerzliche Ausbildung und Einübung muß der Seelsorger zuerst seinen Platz im Leben finden, muß entdecken, worin sein spezifischer Beitrag zum Leben anderer liegen kann, muß lernen, sein Ich zu bejahen. Das heißt nicht, sich an dieses Ich zu hängen und es als sein Eigentum gegen alle anderen zu verteidigen; nein, wenn er sich selbst gefunden hat, soll er aus sich selbst herausgehen, soll seine Dienste andern anbieten und von sich selbst leer werden. Dann kann Gott durch ihn sprechen und durch ihn die Menschen in ein neues Leben berufen.

So ist die Identität des Seelsorgers, wie sie in seinem praktischen Dienst sichtbar wird, die Frucht der unauflöslichen Spannung zwischen Selbstbejahung und Selbstverleugnung, Selbsterfüllung und Selbstentäußerung, Selbstverwirklichung und Selbsthingabe. Es gibt Phasen im Leben, wo das Schwergewicht mehr auf der einen als auf der anderen Seite liegt, aber im allgemeinen scheint es, daß der Mensch mit zunehmender Reife immer weniger darauf bedacht ist, sich selbst zu gürten, und daß er stattdessen bereit ist, seine Hände auszustrecken und dem zu folgen, der sein Leben gefunden hat, indem er es verschenkt hat.

II. Spiritualität und die Beziehungen des Seelsorgers zu den Menschen

Wenn im Dienst für andere die Selbstverleugnung von so entscheidender Bedeutung für die Identität des Seelsorgers ist, dann spielt sie auch in seinen Beziehungen zu den Menschen eine wesentliche Rolle. Selbst wenn Michael sich über seine spezifische Aufgabe mitten zwischen den vielen Profis im klaren ist, bleibt dennoch die Frage: Von welcher Art ist seine Beziehung zu Mr. Kern? Mr. Kern hatte nicht um seinen Besuch gebeten; das ergibt sich eindeutig aus dem Gespräch. Warum also sollte Michael an die Tür eines Fremden klopfen? Nur weil die Abteilungsleiterin sich Sorgen um dessen Zustand machte? Daß Ärzte ihn besuchten, war selbstverständlich, denn Mr. Kern war ja ins Krankenhaus gekommen, um von Ärzten behandelt zu werden. Aber mit seinem Einverständnis, ins Krankenhaus eingeliefert zu werden, hatte Mr. Kern sicher nicht zugleich sein Einverständnis gegeben, den Besuch eines völlig Fremden zu erwarten, der einer religiösen Gemeinschaft angehörte, die seinem Leben völlig fremd war. Michael war sich darüber im klaren. Er stellt sich lediglich vor und gab an, wie man ihn erreichen könne. Er erläuterte auch, daß drei Religionsgemeinschaften im Krankenhaus Vertreter hätten: einen Seelsorger, einen Priester und einen Rabbi, und daß Mr. Kern jederzeit einen von ihnen in Anspruch nehmen könne. Aber Mr. Kern äußerte, er wolle keinerlei Dienst dieser Art. Damit wäre das Gespräch beendet gewesen, hätte nicht Michael zusätzliches Interesse gezeigt und Mr. Kern nach seiner Krankheit gefragt.

Es gibt zwei Grundmodelle, die uns helfen können, die Einzigartigkeit der Beziehung des Seelsorgers zum Menschen, mit dem er zu tun hat, etwas besser zu verstehen: das Modell des Vertrags und das Modell des Bundes.

1. Das Modell des Vertrags

Viele professionelle Beziehungen zwischen Menschen scheitern, weil sie vertraglich nicht genau abgeklärt sind. Wenn zwei Menschen eine Verabredung miteinander vereinbaren, schließen sie einen formellen Vertrag, sich da und da zu der und der Zeit zu treffen. Bittet jemand um Hilfe, und der andere leistet diese Hilfe, dann wird informell der Vertrag geschlossen, sich gemeinsam auf das anstehende Problem zu konzentrieren. Aber oft findet ein *geheimer* Vertragsabschluß statt, der nicht immer klar ist. Manchmal sucht jemand Rat, erhält aber eine Predigt; sucht jemanden, der ihm zuhört, wird aber das Opfer eines Schwätzers; hofft auf klare Auskünfte, bekommt aber nichts als ein paar unklare „hm, hm" zu hören. In der Beziehung des Seelsorgers zu den Menschen, für die er da ist, können sehr unterschiedliche Erwartungen auftauchen, und oft sind sie der Grund für gewaltige Enttäuschungen. Die Tatsache, daß Michael so tief enttäuscht war, daß er das Gefühl hatte, er habe einen Tritt in den Magen bekommen, ergab sich offensichtlich aus seiner falschen Erwartung, Mr. Kern werde zumindest seinem Wunsch entsprechen, ihm einen Dienst erweisen zu können. Mr. Kerns Reaktion ist zwar ziemlich ungewöhnlich in ihrer Schärfe, aber es gibt viele Seelsorger, die deshalb von ihrem Einsatz in der Einzelseelsorge enttäuscht sind, weil der Vertrag unklar ist. Ich entsinne mich einer Frau, die zum Pfarrer sagte: „Mein Junge will nicht mehr in die Kirche gehen. Was soll ich tun?" Der Pfarrer sagte: „Sie wissen also nicht, wie Sie sich in dieser neuen Situation verhalten sollen?" Die Frau darauf: „Ja, das habe ich sagen wollen. Aber was ich wissen will, ist, was ich tun soll."

Der Pfarrer fängt also hier an, seine Technik des Beratungsgespächs anzuwenden, obwohl die Frau in Wirklichkeit einen direkten praktischen Rat will. Das Ergebnis ist natürlich, daß sie unzufrieden heimgeht und daß der Pfarrer das Gefühl hat, überhaupt nichts ausgerichtet zu haben.

Es gibt viele unterschiedliche Arten, Menschen zu helfen: durch praktische Unterstützung, Rat, Unterweisung, Zurechtweisung, Erhellung von Gefühlen oder einfach durch Zuhören. Aber niemals wird jemandem geholfen, wenn er etwas Bestimmtes erwartet und etwas ganz anderes bekommt. Daher ist es die allererste Aufgabe des Seelsorgers, seinem Gegenüber zum vollen Bewußtsein zu verhelfen, was für eine Art der Hilfe er wirklich erwartet, und ihn dann wissen zu lassen, ob er ihm diese Hilfe geben kann oder nicht.

Solange der Geheimvertrag geheim bleibt, ist die Wahrscheinlichkeit ziemlich groß, daß es zu unnötigen

Enttäuschungen kommt. Die Versuchung vieler Seelsorger liegt darin, sich allzusehr auf nur ein einziges Modell der persönlichen Beziehung einzuspielen: auf das des „pastoral counseling". Nach diesem Modell geht es im Gespräch darum, daß der Ratsuchende seine eigenen Gefühle abklärt und seine Energien freisetzt, um die Lösung seines Problems selbst zu finden. Oft erfordert das viele genau strukturierte Aussprachetermine, besondere Fertigkeiten seitens des Seelsorgers und eine spezielle Einstellung seitens des Ratsuchenden. Aber diese Art Vertrag ist in einer normalen Pfarrei ziemlich selten. Viel zahlreicher sind die vielen kurzen und zufälligen Kontakte und Gespräche, die viel oder nichts bewirken, je nach innerer Aufmerksamkeit des Pfarrers.

Manche Pfarrer sagen, sie seien ständig gestreßt und hätten zugleich das Gefühl, überhaupt nichts zustande zu bringen. Natürlich kann das seinen Grund in einer unzulänglichen Arbeitseinteilung haben. Aber wenn ein Pfarrer wirklich seine eigene Identität gefunden hat, entdeckt er zugleich, daß seine Aufgabe gerade darin besteht, auf sehr unterschiedliche Weisen zu vielen Menschen Beziehungen zu unterhalten. Genau diese Fähigkeit, sehr viele verschiedene Weisen der Beziehung zu anderen entwickeln zu können, gestattet ihm einen Dienst in vielfältiger Form und mit vielen unterschiedlichen Möglichkeiten. Von da her gesehen, kann der Wunsch, sich auf eine Weise zu spezialisieren und sich auf eine einzige Art der Beziehung zu beschränken, mehr eine Flucht als eine Tugend sein. Es stimmt: diese Vielförmigkeit des Dienens kann große Frustration bewirken, aber vielleicht gehört diese Frustration zum Wesen des Seelsorgsdienstes und weist uns auf eine Beziehungsebene, die jenseits dessen liegt, was in anderen Berufen vereinbart werden kann. Deshalb wollen wir uns jetzt das Modell des Bundes genauer ansehen. Für die Beziehungen des Seelsorgers zu den Menschen stellt es ein wichtiges Korrektiv gegenüber dem Modell des Vertrags dar.

2. Das Modell des Bundes

Das Wort „Vertrag", ein vorwiegend ökonomischer Begriff, ist auf dem Feld zwischenmenschlicher Beziehungen sehr vorherrschend geworden. Die Unterscheidung zwischen formellen, informellen und geheimen Vertragsabschlüssen hat etliches zur Klärung vieler Pannen in professionellen Beziehungen zwischen Menschen beigetragen. Deshalb läßt sich leicht zeigen, daß es auch vielen Seelsorgern geholfen hat, die verschiedenen Probleme und auch Möglichkeiten in ihren Beziehungen zu Menschen besser zu verstehen.

Aber genau wie das Selbstbewußtsein nicht das einzige Element der Identität des Seelsorgers ist, so ist auch der „Vertrag" nicht der einzig maßgebliche Begriff für die Beziehung des Seelsorgers zu den Menschen. Genau wie Michael sich auf den Weg gemacht hat, um Mr. Kern zu besuchen, obwohl der ihn nicht eingeladen hatte, so machen sich auch viele Seelsorger und Priester auf den Weg und klopfen an Türen, klingeln an Eingängen und betreten Häuser, in denen niemand auf sie wartet. Keinem Arzt würde es einfallen, von Haus zu Haus zu gehen und überall zu fragen, ob jemand krank genug sei, um seine Hilfe in Anspruch nehmen zu wollen. Kein Psychologe würde aufs Geratewohl Menschen anrufen und sich nach seelischen Problemen erkundigen, auf die er seine beruflichen Fähigkeiten anwenden könnte. Aber der Seelsorger ergreift immer wieder die Initiative und kann sozusagen als aggressiver Praktiker angesehen werden, der „das Wort verkündet, ob man es hören will oder nicht, und der dafür eintritt" (2 Tim 4,2).

Die Tatsache, daß das Wort „Vertrag" nicht voll die Beziehung des Seelsorgers zu den Menschen umschreiben kann, weist darauf hin, daß die Beziehung eines Seelsorgers zu den einzelnen Menschen zwar professionelle Züge trägt, aber daß seine Profession dennoch von anderer Qualität ist als diejenige aller anderen helfenden Berufe. Hier ist der biblische Begriff „Bund" hilfreich; er kann die rein vertragliche Sicht der Beziehung des Seelsorgers zu den Menschen kritisch ergänzen. Jahwe hat mit seinem Volk keinen Vertrag geschlossen, sondern einen Bund. Ein Vertrag erlischt, wenn einer der Vertragspartner die Vereinbarungen nicht einhält. Sobald ein Patient seinen Arzt nicht mehr bezahlt, hat der Arzt die Freiheit, sich an seiner Stelle um einen andern Patienten zu kümmern. Genauso ist es, wenn jemand seinen Termin beim Psychiater nicht wahrnimmt; der Psychiater fühlt sich nicht verpflichtet, ihn daheim aufzusuchen und sich danach zu erkundigen, warum er nicht gekommen ist. Es steckt ein guter Kern Wahrheit in der humorvoll-ironischen Definition: „Ein Psychiater ist ein Mensch, der bereit ist, für 25 Dollar die Stunde dein Freund zu sein."

Aber Jahwe sagt: „Kann denn eine Frau ihr Kindlein vergessen, eine Mutter ihren leiblichen Sohn? Und selbst wenn sie ihn vergessen würde: Ich vergesse dich nicht" (Jes 49,15). Und einer, der die Tragweite dieser Bundestreue begriffen hat, sagt: „Wenn mich auch Vater und Mutter verlassen, der Herr nimmt mich auf" (Ps 27,10). Genau besehen, ist nicht der berufliche Vertrag, sondern der Göttliche Bund die Grundlage jeder Beziehung des Seelsorgers zu den Menschen. Gott hat seinen Bund nicht an die Bedingung geknüpft, daß der Mensch ihm die Treue halte. Er hat sich bedingungslos dazu verpflichtet, immer für ihn da zu sein.

Das ist vielleicht die größte Herausforderung für jeden, der Gottes Bund in dieser Welt spürbar werden lassen möchte – denn wer erwartet nicht, daß seine Zuneigung auch erwidert wird? Vielleicht erwarten wir für ein Seelsorgsgespräch kein Geld, vielleicht nicht einmal ein kleines Weihnachtsgeschenk oder große Dankesworte – aber können wir uns wirklich lösen von unserer subtilen Erwartung, dennoch eine Gegenleistung zu erhalten? Ein guter Freund von mir, ein Priester, der sich entschloß, in Amsterdam Barkeeper zu werden, sagte eines Tages: „Ich möchte nicht mehr die Rolle eines Seelsorgers spielen, denn ich habe zu viele sogenannte Seelsorger erlebt, die eine Art geistliche Prostituierte sind und ihre Zuneigung dafür verkaufen, daß sie eine Gegenleistung erwarten. Wenn in meiner Beziehung zu einem Menschen der insgeheime Druck auf ihn mitspielt, er solle das Trinken lassen, von den Drogen loskommen, sexuell enthaltsamer werden, mit seinen langen Haaren zum Friseur gehen, endlich standesamtlich heiraten, in die Kirche gehen, zu Veranstaltungen kommen – dann geht es mir im Grunde genommen nicht wirklich um ihn, sondern um meine eigenen Lieblingsvorstellungen, Wertsysteme und Erwartungen, und ich werde zu einer Art Prostituierter und erniedrige meinen Mitmenschen zum Opfer meiner geistlichen Manipulationen." Viele Seelsorger klagen darüber, daß sie zu wenig Dank erfahren, daß sie lange Stunden mit Menschen verbringen, die dennoch keinerlei Anzeichen einer Änderung erkennen lassen, und daß auch nach vielen Jahren verzehrenden Einsatzes in Unterricht, Predigt, Beratung, Organisieren und Gottesdienstfeiern die Leute genauso gleichgültig bleiben, die Kirche genauso autoritär, die Gesellschaft genauso korrupt. Wenn wir jedoch Anerkennung und Dank in Form von sichtbaren Änderungen erwarten, haben wir aus Gott einen Geschäftsmann gemacht und gebärden uns selber als Handelsvertreter.

Michael erfuhr keinerlei Dank für seinen ehrlichen Wunsch, Mr. Kern beizustehen; selbst nach Mr. Kerns Spruch: „Ich möchte mit niemand reden" sagte Michael: „Trotzdem würde ich ganz gern von Zeit zu Zeit kurz vorbeischauen, und wenn's bloß ist, um Ihnen Guten Tag zu sagen und zu sehen, wie es Ihnen geht." Diese Reaktion paßt nicht auf einen Menschen, der Belohnung erwartet; und vielleicht können wir trotz allem in Michaels ungeschicktem, unbeholfenen Annäherungsversuch eine Spur von Gottes Treue erkennen, die infolge ihrer Unbegreiflichkeit sowohl Abneigung als auch Sympathie erregen kann.

Wir haben also gesehen, daß die Beziehung des Seelsorgers zu den Menschen nicht vollständig von der Logik eines professionellen Vertrags erfaßt werden kann. Jeder Mensch erwartet normalerweise Dank, hofft auf Erfolg, erwartet, daß sich irgend etwas ändert – der Seelsorger genau wie jeder andere. Gott jedoch hat uns keinen Vertrag, sondern einen Bund angeboten, und daraus ergibt sich für alle, die diesen Bund in unserer Welt von heute sichtbar machen wollen, der hohe Anspruch, niemals ihre Liebe zu den Menschen vom Erfolg abhängig zu machen.

III. Spiritualität und Seelsorge

Der Seelsorger findet also seine Identität in der fruchtbaren Spannung zwischen Selbstgewißheit und Selbstverleugnung; seine Beziehung zu den Menschen trägt die Merkmale eines professionellen Vertrags, gründet sich aber letztlich auf den Bund Gottes mit seinem Volk. Wenn das so ist, ergibt sich daraus jetzt die Frage, wie der Seelsorger auf die Menschen zugehen soll. Läßt sich etwas darüber sagen, wie der Seelsorger oder Priester sich aufgrund seiner besonderen Aufgabe verhalten sollte, wenn er jemandem unter vier Augen gegenübersteht, der Hilfe braucht?

Was hätte Michael tun sollen, als er ins Zimmer von Mr. Kern trat? Ist es falsch, zu Beginn des Gesprächs auf das breite Angebot von Seelsorgsdiensten am Krankenhaus hinzuweisen? Hätte er sich anders verhalten, etwas anderes oder überhaupt nichts sagen sollen? Hätte er sich überhaupt nach dem Befinden von Mr. Kern erkundigen sollen, als der ihm deutlich zu verstehen gegeben hatte, er wolle mit niemandem reden? Diese Fragen beschäftigten Michael wahrscheinlich am meisten, als er zu seinem Supervisor ging. Vielleicht hat er gesagt: „Also gut, ich habe versagt. Ich habe sogar Schuldgefühle deswegen, aber sagen Sie: Was hätte ich denn sonst tun oder sagen sollen?"

Viele Seelsorger und Priester machen spezielle Kurse mit, weil sie sehr deutlich spüren, daß sie für die Einzelseelsorge eine besondere Ausbildung brauchen. Die zunehmende Zahl von Pastoralen Ausbildungsstätten zeigt, wie stark der Wunsch ist, auf die Frage: „Was soll ich denn tun?" eine Antwort zu finden. Wie kann man mit Studenten ein fruchtbares Gespräch anfangen? Wie kann man jemandem in einer Krise helfen? Wie verhält man sich gegenüber einem Hippie oder einem jungen Radikalen? Wie kommt man an einen Teenager im Trotzalter heran, wie an einen aufsässigen jungen Erwachsenen? Wie kann man einem verbitterten Sterbenden beistehen? Wie kann man dies und jenes richtig tun? Manchmal habe ich den seltsamen Eindruck, daß wir uns immer noch auf die alte Frage des Doktors fixieren, wie er das Kind dazu bringen kann, die bittere Medizin zu schlucken. Soll er die Medizin mit Zucker versüßen, weiche Musik im Hintergrund spielen lassen oder zur Ablenkung ein Kasperletheater aufführen? Aber die bittere Medizin muß geschluckt werden. Oft suchen die Seelsorger für ihre dringenden Fragen bei den Meistern der Verhaltenswissenschaften nach einer Antwort. Und viele Psychologen, Soziologen, Gesprächsberater und Sensitivity-Trainer verdienen heute ein Vermögen damit, lernbegierigen Seelsorgern, die ihre Fähigkeiten bewundern, etwas beizubringen; denn diese hoffen, bei ihnen die Lösung ihrer tiefsitzenden Probleme der Unzulänglichkeit zu finden.

Ich möchte hier nicht einer Unterschätzung des ungeheuer wichtigen Beitrags der Sozialwissenschaften für die Seelsorge das Wort reden. Einer der Hauptgründe für die große Hoffnung auf dem Gebiet der Pastoraltheologie ist gerade der immer intensivere Dialog zwischen Seelsorgern, Soziologen, Sozialarbeitern, Psychologen und Psychiatern. Aber zugleich habe ich den Eindruck, daß die Seelsorge eine besondere, nur ihr eigene Dimension hat, die die wissenschaftlichen Erkenntnisse der Verhaltenswissenschaft und jeder professionellen Ausbildung weit übersteigt. Ich möchte hier diese Dimension genauer herausarbeiten. Und ich möchte das tun, indem ich ein besonderes Element unter den vielen neuen Formen der pastoralen Ausbildung besonders in Augenschein nehme: das Schreiben des Pastoralberichts.

Etwas vom Wichtigsten, was Seelsorger heutzutage bei ihrer Ausbildung lernen, ist das Aufschreiben ihrer Erfahrungen. Charles Hall, der geschäftsführende Sekretär des Clinical Pastoral Education Movement, hat einmal gesagt: „Was wert ist, gesagt zu werden, ist auch wert, aufgeschrieben zu werden." Hätte Michael nicht seinen enttäuschenden Seelsorgsbesuch auf dem Papier festgehalten, dann hätte er auch nicht viel aus dieser Erfahrung gelernt. Aber was konnte er daraus lernen? Ich möchte das erörtern, indem ich zwei Begriffe verwende: „Definition der Rolle" und „Kontemplation".

1. Definition der Rolle

Es ist kein Geheimnis, daß Seelsorger nicht das Schreiben gewöhnt sind. Natürlich rühmt sich eine ganze Anzahl von ihnen: „Ich könnte ein ganzes Buch von dem schreiben, was ich schon alles in dieser Pfarrei erlebt habe." Aber kaum einer schreibt dieses Buch tatsächlich. Der Arzt schreibt seinen Gesundheitsbericht, der Psychologe sein Testergebnis, der Sozialarbeiter seinen Fallbericht. Aber die meisten Seelsorger verfügen über keinerlei Dokument, das ihnen hilft, ihre eigene Rolle zu definieren. Russel Dicks, einer der Pioniere des Clinical Training Movement, sagt: „Wir sind der Überzeugung: Erst wenn der Seelsorger eine Methode entwickelt, Rechenschaft über seinen Umgang mit den einzelnen Menschen abzulegen, hat er das Recht, für sich einen Platz unter den Fachkräften auf dem Feld der Menschenbildung zu beanspruchen" (The Art of Ministering to the Sick, New York 1936,256).

Wenn der Seelsorger die geschriebenen Berichte seiner Seelsorgsarbeit mit einzelnen Menschen nachliest, kann er dadurch seine eigene Erfahrung abklären. Er hat dann auch ein konkretes Hilfsmittel in der Hand, um genau herauszufinden, was sich bei seiner Seelsorgsarbeit abspielt und eine einmalige Chance, nüchtern über alternative Möglichkeiten seines Verhaltens als Seelsorger nachzudenken. Das erlaubt es ihm, das genauer zu definieren, was stattgefunden hat und was noch zu tun bleibt. Als Michael den Bericht über seinen Besuch bei Mr. Kern genau durchlas, ging ihm auf, daß ihn seine Nervosität dazu geführt hatte, sich an konkrete Informationen zu halten und sich eher wie der Angestellte eines Reisebüros als wie ein Seelsorger zu verhalten. Ihm ging auch auf, daß er sich viel Enttäuschung hätte ersparen können, wenn er sich vor dem Besuch beim Arzt oder der Krankenschwester genauer nach Mr. Kern erkundigt hätte, über seine Konfessionszugehörigkeit und seinen körperlichen und seelischen Zustand. Er fragte sich im nachhinein, ob nicht sein weißer Kittel, der ihm das Aussehen eines Arztes gab, hauptsächlich schuld war an der feindselig ablehnenden Reaktion des Patienten. Ebenso half ihm seine Aufzeichnung, sich gründlicher Gedanken darüber zu machen, wie man sich einem ausgesprochen feindselig eingestellten und verbitterten Menschen gegenüber verhält, der unfähig ist, seiner Situation ins Auge zu schauen und sein Bedürfnis nach menschlicher Hilfe zum Ausdruck zu bringen. So lernte Michael aus seiner Erfahrung. Aber „Erfahrung" ist ein sehr vieldeutiges Wort. Viele Priester, die sich auf ihre jahrelange Erfahrung berufen, um damit Kompetenz zu beanspruchen, neigen dazu, zu vergessen, daß nur wenige Menschen aus Erfahrung wirklich etwas lernen. Ein sorgfältig berichtetes und kritisch ausgewertetes Erlebnis kann einem oft mehr beibringen als viele Jahre voller

Erlebnisse, die nie erhellend verarbeitet worden sind. Wenn jemand jedoch klar umschreiben kann, wo er steht, kann er auch auf der Karte zeigen, wohin er gehen will. Jeder, der einen Beruf hat, ist selbst für die Definition seiner Aufgabe verantwortlich. Wenn ein Priester seine Rolle nicht sorgfältig definieren kann, wird er sie auch nie jemand anderem richtig klarmachen können. Michael fing damit an, seine Rolle zu definieren, als er seine Erfahrungen niederschrieb. Vielleicht war sein nächster Besuch schon ein bißchen weniger enttäuschend als der beschriebene.

Indes – wenn wir die Definition der Rolle für das Wichtigste bei der Einzelseelsorge halten, übersehen wir den Wesenskern der Seelsorge; er besteht nicht in handwerklich perfektem Können, sondern in ehrfürchtiger Kontemplation.

2. Kontemplation

Das wichtigste Anliegen vieler Supervisoren, wie etwa das von Russel Dicks, war es, den Seelsorgern dabei zu helfen, die beste Antwort auf eine bestimmte Situation zu geben. Michaels Antworten auf die Äußerungen von Mr. Kern hätten sicher wesentlich besser sein können. Viele alternative Antworten sind vorstellbar. Natürlich wäre es naiv, zu sagen, ein Seelsorger sollte die Finger weglassen von allen speziellen Fertigkeiten, Werkzeugen und Techniken der Gestaltung menschlicher Beziehungen – im Gegenteil: es wäre wünschenswert, jeder verfügte über mehr davon! –, aber gekonnte Antworten sind nicht das, was seelsorglicher Dienst den Menschen bringen soll. Wer seine Erfahrungen aufschreibt, findet nicht nur Gelegenheit, das Erlebnis zu beschreiben, besser in den Griff zu bekommen und die beste Antwort darauf zu ergründen, sondern zugleich kann ihm das zu einer unschätzbaren Quelle theologischer Kontemplation werden. Als Anton Boisen, der Vater des „Clinical Training Movement", seinen Studenten die Aufgabe stellte, ihre Erfahrungen niederzuschreiben, hatte er nicht in erster Linie die Frage im Kopf: „Wie läßt sich das besser machen?", sondern die Frage: „Was kann ich von diesem Menschen, dem ich als Seelsorger begegne, lernen?" In seinen Augen war die am meisten vergessene Quelle der Theologie das, was er „den lebendigen Menschen als Dokument" nannte. In seinem „The Exploration of the Inner World" schreibt er: „Kein Historiker, der seinen Namen verdient, begnügt sich damit, zu einem Thema lediglich die vereinfachten Aussagen irgendeines anderen Historikers als autoritativ zu übernehmen. So habe auch ich versucht, nicht mit den fix und fertig von Büchern gelieferten Formeln anzufangen, sondern bei den lebendigen Menschen als Dokument und mit tatsächlichen sozialen Bedingungen in all ihrer Vielschichtigkeit" (Harper Torchbooks, New York, 135).

Für jemanden, der aus dem Glauben lebt, ist keine Begegnung zufällig und sinnlos. Mr. Kern und Michael sind sich begegnet. Und obwohl Michael in keiner Weise in der Lage war, Mr. Kern so zu helfen, wie er es vorgehabt hatte, hat vielleicht Mr. Kern Michael etwas beigebracht, das er nie mehr vergessen wird: daß ein Mensch so hart, so verbittert und so vom Leben enttäuscht werden kann, daß er schließlich nur noch den einen Wunsch hat, sich in eine Ecke zu verkriechen und wie ein Tier zu verenden. Mr. Kern zeigt in äußerst unverhüllter und angsterregender Weise den Zustand, in den ein Mensch geraten kann, wenn er den Glauben verliert, daß die Liebe möglich ist.

Es kann sein, daß Michael Kierkegaard, Sartre, Camus

und Kafka und viele andere gelesen hat, die über Angst und Schuld, Einsamkeit und Entfremdung, Sünde und Tod schreiben. Aber jetzt steht er Auge in Auge einem Menschen gegenüber, der sagt: „Es ist mein sehnlichster Wunsch, daß Sie das Zimmer verlassen und nicht mehr wiederkommen." Michael hätte sich sagen können: „Aha, wieder einmal so ein sturer, hochmütiger Typ, der in Ruhe gelassen werden möchte." – aber dann würde er nicht zur Kontemplation der conditio humana, des Zustands des Menschen, vorstoßen, wie er an Mr. Kerns hoffnungsloser Haltung sichtbar wird.

Mr. Kern äußert sehr viel mehr als seine Weigerung, mit dem Besucher zu sprechen. Er ist ein lebendiges menschliches Dokument, das Anstoß zu den grundlegendsten Fragen der Theologie geben kann: zu den Fragen um Sünde und Erlösung, Schuld und Vergebung, Abkapselung und Versöhnung, und schließlich um Leben und Tod. Aber in seinem Fall stellen sich diese Fragen nicht nur theoretisch: sie wirken sich unmittelbar auf jeden aus, der zu ihm eine Beziehung sucht und ihn verstehen will: auf die Ärzte, die er nicht mehr sehen konnte; auf seine Kinder, denen er seinen Anblick auf dem Sterbelager ersparen wollte; auf seine Frau, die weiterleben soll mit der Erinnerung an einen verbitterten Gatten; und auf Michael, der ihm beim Sterben helfen wollte und es nicht konnte.

Pastorale Sorge meint viel mehr als pastorale Fürsorge. Sie meint eine sorgfältige und kritische Kontemplation des Zustands des Menschen. Mit Hilfe dieser Kontemplation kann der Seelsorger den Schleier wegziehen und sich selbst und anderen deutlich die Tatsache vor Augen halten, daß Gut und Böse nicht bloß Wörter sind, sondern sichtbare Realitäten im Leben jedes Menschen. In diesem Sinn ist jeder seelsorgliche Kontakt eine Herausforderung, Gottes Wirken am Menschen besser zu verstehen und mit zunehmender Empfindsamkeit das Licht und die Finsternisse im Herzen des Menschen zu unterscheiden.

So besehen, ist Kontemplation nicht nur ein wichtiger Aspekt im Leben des Priesters oder eine unerläßliche Bedingung für eine fruchtbare Seelsorge. Seelsorge *ist* Kontemplation. Von daher läßt sich Einzelseelsorge nie auf die Anwendung irgendwelcher Fertigkeiten oder Techniken einschränken, denn letztlich besteht sie im ständigen Suchen nach Gott im Leben der Menschen, denen wir dienen wollen. Das Paradox des Seelsorgsdienstes liegt in der Tat darin, daß wir den Gott, den wir den Menschen nahebringen wollen, im Leben dieser Menschen erst finden müssen.

Wir sehen also: wenn die Seelsorgstätigkeit nicht tiefer geht, als sich auf der Ebene von Fertigkeiten und Techniken abzuspielen, ist der Seelsorger der Versuchung ausgeliefert, zum Manipulierer von Menschen zu werden. Nur wenn er es lernt, seine seelsorglichen Beziehungen zu den Menschen als lebenspendende Quelle seiner theologischen Kontemplation zu begreifen, entdeckt er, daß die Menschen ihn im gleichen Maß bereichern, wie er für sie da ist.

Schlußfolgerung

Die Hauptabsicht dieses Kapitels war es, zu zeigen, wie sich die Einzelseelsorge auf das persönliche Leben des Seelsorgers selbst auswirkt. Ich hoffe, das Entscheidende ist deutlich genug geworden: daß es darum geht, von einer professionellen Aktivität zu einer gelebten Spiritualität zu kommen. Bei der Suche nach seiner beruflichen Identität kommt der Seelsorger über ein gesundes Selbstbewußtsein zur Selbstverleugnung; beim Herstellen einer berufsmäßigen Beziehung soll aus dem Vertrag ein Bund werden; und in seinem berufsmäßigen Eingehen auf die individuellen Bedürfnisse seines Mitmenschen soll er von der Definition der Rolle zur Kontemplation fortschreiten.

Wenn ein Seelsorger bei seinem Kontakt mit Menschen wirklich hilfreich wirken will, muß er beruflich qualifiziert sein und über spezielle Kenntnisse, eine spezielle Ausbildung und spezielle Fertigkeiten verfügen. Aber wenn er die Ketten unserer Welt voller Manipulationen durchbrechen will, muß er über rein berufliches Können hinauskommen und in Selbstverleugnung und Kontemplation ein glaubwürdiger Zeuge des Bundes Gottes mit den Menschen werden.

Nur Jesus verdient ganz streng genommen den Titel „Seelsorger". Er hat sich um viele Menschen mit ihren ganz persönlichen Leiden gesorgt. Er hat sich gesorgt um die Frau am Brunnen, um Maria Magdalena, um Nikodemus und um die Männer, die nach Emmaus unterwegs waren, und deren Herz brannte, als er auf dem Weg mit ihnen redete. Jesus besaß gewiß große Fertigkeiten für seine Beziehungen zu Menschen und scheute sich nicht, seine Einsicht dafür zu verwenden, die Herzen der Menschen zu öffnen. Aber als man ihn nach der Quelle seines Wissens fragte, sagte er: „Meine Lehre stammt nicht von mir, sondern von dem, der mich gesandt hat. Wer im eigenen Namen spricht, sucht seine eigene Ehre; wer aber die Ehre dessen sucht, der ihn gesandt hat, der ist glaubwürdig, und in ihm ist keine Falschheit" (Joh 7,16.18).

Der gute Seelsorger hat die Berufung, Fertigkeiten zu

entwickeln, ohne zum Gaukler zu werden, über Kenntnisse zu verfügen, ohne zum Schwindler zu werden, ein echter Profi zu sein, ohne zum Manipulierer von Menschen zu werden. Wenn er die Fähigkeit besitzt, sich selbst zu verleugnen, offen und ehrlich zu sein und den Sinn menschlichen Leidens zu begreifen, dann kann er dem Menschen, um den er sich kümmert, die Ahnung vermitteln, daß es Gott selber ist, der ihm durch die Hand seines Dieners seine zärtliche Liebe offenbart.

Viertes Kapitel

Mehr als das Betreiben eines Unternehmens

Über das Organisieren

Der Christ, der sich für die Verbesserung der Verhältnisse einsetzt

Einleitung

Jetzt wollen wir den inneren Zusammenhang zwischen der Leitung einer Gemeinde und der Spiritualität genauer betrachten. Vielleicht eignet es sich als Einstieg am besten, wenn wir einige der vielen schmerzlichen Fragen zitieren, die sich Seelsorger und Priester stellen, wenn sie sich ihrer Berufung bewußt geworden sind, daß sie sich für die Änderung bestimmter Zustände einsetzen sollen.

Nach vielen Stunden, Tagen und Jahren des Unterrichtgebens, des Predigens und der Einzelseelsorge halten die meisten Seelsorger plötzlich einmal inne und stellen sich Fragen wie: Warum verwende ich so viel Zeit mit der Verkündigung des Wortes Gottes, wo doch diejenigen, die ich erreichen möchte, nie in meiner Kirche sind? Warum gebe ich Kindern und Erwachsenen Unterricht und bereite sie auf eine Gesellschaft vor, die vielen überhaupt nicht die Möglichkeit bietet, das Leben zu führen, für das ich werbe? Warum rufe ich Menschen zusammen, damit sie ihr Einssein feiern, wo sie doch nicht fähig sind, in Frieden miteinander zu leben, sondern gespalten sind durch Abneigung, Konkurrenzdenken und Abkapselung voneinander? Warum verwende ich so viel Zeit darauf, von den persönlichen Leiden einzelner Menschen zu sprechen, wo ich doch die Gesellschaft, die diese Leiden verursacht, nicht ändern kann?

Im Leben vieler Seelsorger und Priester macht sich eine wachsende Frustration breit, denn ihnen geht immer deutlicher auf, daß ihr tagtäglicher Einsatz nicht wirklich an die Grundstrukturen des Lebens rührt. Sie kommen sich vor wie Sanitäter, die die Verletzten verbinden, aber nicht in der Lage sind, dem Krieg ein Ende zu machen. Ihre Worte von der Kanzel, im Klassenzimmer und im Pfarrhaus mögen vielen Menschen eine Hilfe sein und ihnen Mut schenken, ihr Leben tapfer zu bestehen – aber der kranken Gesellschaft als ganzer mit ihren Kriegen, ihrer Umweltverschmutzung, ihrer Armut, ihren Verbrechen und ihren Gewalttätigkeiten stehen sie hilflos gegenüber. Wenn in dieser Welt, in der wir leben, etwas Grundlegendes falsch ist, was helfen dann alle unsere Worte?

Kann unsere Aufgabe wirklich darin bestehen, den Menschen bei der Anpassung an eine Gesellschaft zu helfen, an die man sich eigentlich nicht anpassen dürfte? Was für einen Sinn hat es, ein Seelsorgsgespräch mit einer Frau zu führen, die nicht genug zum Essen für ihre Kinder hat? Keine noch so große Kunst der Gesprächsführung wird ihnen den Hunger nehmen. Was für einen Sinn hat es, Liebe und Verständnisbereitschaft zu predigen in einer Gemeinde, in der die Menschen keine anständigen Häuser zum Wohnen haben, keine Arbeit, um ihren Lebensunterhalt zu verdienen, wo die Kinder keinen Platz zum Spielen und wo die meisten Menschen den Glauben an die Worte derer verloren haben, die das Kommen einer besseren Welt predigen?

Immer mehr Priester werden von solchen Fragen geplagt und beschäftigen sich mit der Frage, ob die Kirche sich nicht in Wirklichkeit an die Randzonen des Lebens wegbewegt hat; daß sie zwar immer noch für einzelne Menschen sorgt, aber darin versagt hat, die Strukturen der Gesellschaft selbst zu ändern, um ein wirklich christliches Leben zu ermöglichen.

Im Lauf der Jahre ist dieses Problembewußtsein gewachsen, und viele Seelsorger und Priester beschäftigt die Frage, ob sie sich nicht viel stärker für soziale Veränderungen einsetzen müßten, damit sie als Seelsorger nicht nur punktuell einzelnen Menschen helfen, sondern grundsätzlich die sozialen Strukturen verbessern helfen. Zahlreiche neue Ausbildungsstätten sind entstanden, wie das Ecumenical Institute und das Urban Training Center in Chicago. An solchen Stätten steht nicht die Frage im Vordergrund: Wie kann ich dem und dem Menschen helfen, der das und das Problem hat, sondern: Wie kann ich dieser Gesellschaft so helfen, daß weniger Menschen Probleme haben? Der Brennpunkt des Interesses ist also nicht auf die Beziehungen des Seelsorgers zu einzelnen Menschen gerichtet, sondern auf die sorgfältige Analyse der sozialen Situation, auf die Definition der bestehenden konkreten Verhältnisse, die Bestandsaufnahme der Lebensgrundlagen unserer Gesellschaft und die Entwicklung einer sorgfältigen Strategie, um soziale Änderungen herbeizuführen.

Aber worin besteht die Aufgabe des Seelsorgers und Priesters auf dem komplexen Feld der Organisation unserer Gesellschaft? Die Aufgabe des Seelsorgers kann gewiß nicht darin bestehen, die volle Verantwortung für viele spezifische Projekte zu tragen. Aber seine besondere, unverwechselbare Aufgabe könnte es sein, die Menschen auf ihre verborgenen Fähigkeiten aufmerksam zu machen; die vielen verschiedenen Eigeninteressen zu einer gemeinsamen Sorge zu bündeln; die lähmenden Auswirkungen einer um sich greifenden fatalistischen Einstellung zu beheben und eine Vision vor Augen zu halten, die den Menschen die Augen für ihre soziale Verantwortung öffnet und sie anregt, über viele einzelne Aktionen hinaus eine christliche Glaubensgemeinschaft aufzubauen. So besehen, wäre er dann auf einzigartige Weise ein Organisator. Er kann die schlummernden Fähigkeiten in seiner Umgebung wecken. Er kann die Ketten des Pessimismus sprengen, kann gegen die kollektive Depression angehen und den Menschen zu Bewußtsein bringen, daß die Verhältnisse nicht unbedingt so sein müssen, wie sie im Augenblick sind. Er kann die Menschen davor bewahren, in Apathie zurückzufallen, wenn sie wider Erwarten enttäuscht worden sind, und in destruktive Formen der Flucht auszuweichen, statt konstruktiv etwas zu tun. Er kann dazu beitragen, eine Haltung der Hoffnung und der Zuversicht zu schaffen, die eine Gemeinschaft flexibel macht und es ihr ermöglicht, sich neuen Situationen anzupassen und immer wach auf neue Möglichkeiten und Perspektiven zu achten.

So besehen, kann ein Seelsorger und Priester sich aktiv einsetzen, damit sich etwas ändert, ohne selbst in die Schlingen einer Welt voller Manipulationen zu geraten. Aber das erfordert eine Spiritualität, eine Lebensweise, die es ihm ermöglicht, sich tief auf diese Welt einzulassen, und zwar deshalb, weil er ihr gegenüber frei ist und sich nicht mit zerstörerischer Besitzgier an sie klammert. Um diese Spiritualität näher beschreiben zu können, müssen wir zuerst die verschiedenen Gefahren ausmachen, denen der Mensch bei seinen sozialen Aktivitäten ausgesetzt ist. Deshalb möchte ich diesem Kapitel zwei Teile geben: 1. die Fallen für den, der organisiert und 2. der Christ, der sich für die Besserung der Verhältnisse einsetzt.

I. Die Fallen für den, der organisiert

Befragt man die Menschen über den Zustand unserer Welt von heute, so stellt man bald fest, daß viele von ihnen zu dem Schluß gekommen sind, unsere Gesellschaft sei so durch und durch verkommen und ihre Strukturen seien derart mißraten, daß es nur eine einzige Lösung gebe: den völligen Wandel der Strukturen und des sozialen Gefüges. Sie möchten dafür kämpfen und alles nur erdenklich Mögliche tun, um diese neue Gesellschaft herbeizuführen. Ihnen ist klar geworden, daß die Parole: „Ändere die Welt, aber fang bei dir selber an" nicht funktioniert, sondern daß es sich umgekehrt verhält: wenn man sich wirklich ändern können soll, muß zuerst einmal die Welt, in der man lebt, anders werden. Viele vertreten die Auffassung, man verliere bloß unnötig Zeit, wenn man die Menschen ändern wolle, ohne zugleich die Strukturen zu ändern; eine wirkliche Veränderung müsse von außen kommen, selbst wenn Gewalttätigkeit, Grausamkeit und Hinrichtungen notwendig sein sollten, um das zustandezubringen. Das ist die Einstellung des Kommissars der Russischen Revolution, wie sie Arthur Koestler beschrieben hat (The Yogi and the Commissar, Collier Books, New York). Das ist auch die Einstellung der vielen heutigen Revolutionäre, die Banken anzünden, Eigentum vernichten, Straßenkämpfe inszenieren und alles nur Erdenkliche tun, um die bestehende Ordnung über den Haufen zu werfen, aus der Überzeugung, daß die neue Welt aus der Asche der alten auferstehen werde. Es sind vermutlich wenige Seelsorger und Priester, die diese Überzeugung mit allen ihren Konsequenzen teilen. Aber viele von ihnen, die sich zutiefst der überwältigenden Probleme unserer Gesellschaft bewußt geworden sind, könnten dennoch mit Taktiken und

Strategien liebäugeln, die immer noch auf der Annahme gründen, daß zuerst die Strukturen geändert werden müssen, ehe sich der Mensch ändert.

Mir scheint, es sind drei Fallen, drei Gefahren, die diese Art sozialen Einsatzes bedrohen: das Bedürfnis nach greifbarem Erfolg, das Machtbedürfnis und der Stolz.

1. Die Gefahr des Bedürfnisses nach greifbarem Erfolg

Es ist eine Gefahr, seine Bereitschaft zu ständigem sozialem Einsatz von sehr konkreten und spezifischen Ergebnissen abhängig zu machen. Das Leiden und die Frustration von Menschen, die in Ghettos, Slums oder unterentwickelten Gebieten arbeiten, rührt oft von der Tatsache her, daß die Änderungen, die sie bewirken wollten, nicht eingetreten sind. Sie machen sich mit großer Begeisterung ans Werk, knien sich mit rückhaltloser Hingabe in ihre Aufgabe hinein, aber nach ein paar Jahren merken sie, daß sich nicht viel geändert hat und daß der Zustand im Wesentlichen immer noch der gleiche ist wie am Anfang. Dann ziehen sie enttäuscht und manchmal verbittert ab, verletzt durch einen Verlust an Selbstwertgefühl und ein Empfinden des Versagens und der Nutzlosigkeit. Nicht wenige Leute vom Peace Corps, Vista-Arbeiter und Papal Volunteers können diese Erfahrungen bezeugen.

Der Grund für dieses Ergebnis ist oft darin zu suchen, daß sie ihre Arbeit mit genau vorgefaßten Vorstellungen darüber angetreten haben, wie die Dinge laufen sollten. Sie haben sozusagen gesagt: „Genau *das* ist es, was diese Leute brauchen" – bessere Häuser, besseren Unterricht, bessere Erholungsmöglichkeiten, Arbeitsmethoden, Gewerkschaften, Genossenschaften usw. Aber gerade der

Umstand, daß sie sich so konkrete Ziele setzen, könnte die Wirksamkeit ihres Einsatzes untergraben und sie blind dafür machen, was die Menschen wirklich brauchen, und taub für das, was sie selber sagen. So kommt es oft vor, daß sie ganz gegen ihren ehrlichen Wunsch gerade in den Menschen Abneigung hervorrufen, denen sie doch eigentlich helfen wollten.

Ich habe einmal in einer sehr ärmlichen Umgebung in Holland gearbeitet, und ich erinnere mich daran, wie ich einmal eine Familie mit zehn Kindern besucht habe, die tagsüber in Lumpen herumliefen und nachts miteinander in drei alten Betten schliefen. Ich meinte also, es sei offensichtlich, was sie am nötigsten brauchten. Ich besorgte etliche Kleidungsstücke und kaufte einige Betten. Als ich dann unangemeldet das Haus wieder besuchte, war eine große Fete mit Bier und Kuchen im Gange. Meine lieben Freunde hatten die Betten und die meisten Kleider wieder verkauft, um ihre Freunde und Nachbarn zur Geburtstagsfeier ihres ältesten Sohnes einladen zu können. In Wirklichkeit hatten sie genug Kleider – obwohl sie es nicht verstanden, diese in Ordnung zu halten –, und die meisten der Kinder waren es nicht gewohnt, für sich allein in einem Bett zu schlafen, und fühlten sich dabei zu allein.

Offensichtlich hatte ich meine Hilfe mehr von meiner eigenen Vorstellung her, wie ein besseres Leben aussieht, geleistet, als nach ihren Vorstellungen zu fragen. Die gleiche Art Fehler macht man bei vielen Gelegenheiten. Zum Beispiel bringt man Menschen in neuen Häusern unter, ohne sich Gedanken darüber zu machen, daß ihnen das Wohnen darin weit weniger wichtig ist als das Wohnen in der Nähe guter Bekannter.

Eine große Anzahl von Bevölkerungsprogrammen waren völlige Fehlschläge, weil wohlmeinende Helfer ihre neuesten technischen Errungenschaften, Pillen, Verhütungsmittel der verschiedensten Art ausgeteilt haben, ohne sich groß darum zu scheren, wie die Menschen über kinderreiche Familien dachten, was es für diese Männer und Frauen bedeutet, keine oder nur einige weniger Kinder zu haben, und welchen Stellenwert bei anderen Völkern das menschliche Leben hat. Oft ist sexuelle Aufklärung nur aufgefaßt worden als ein Hilfsmittel zur Lösung bestimmter Probleme, und man hat nicht genau die Motivationen des Sexualverhaltens eines Volkes studiert; so hat man mit der falschen Voraussetzung, alle Menschen würden gleich denken, empfinden und handeln, teure neue Programme unterstützt, die nichts geholfen haben. Kurz, unsere eigenen vorgefaßten, zu konkreten Vorstellungen waren eher hinderlich als hilfreich beim Versuch, unsere Welt zu verbessern und unseren Mitmenschen zu helfen.

2. Die Gefahr des Machtbedürfnisses

Menschen, die etwas organisieren, sind ständig in der Gefahr, kleine Königreiche für sich selbst zu schaffen. Es fällt ungeheuer schwer, Initiativen zu ergreifen und neue Pläne zu entwickeln, ohne den Anspruch darauf zu erheben, das sei nun etwas, das einem selbst gehört. Genau wie sich viele Eltern schwer tun, ihren Kindern die Freiheit einzuräumen, sich ihren Lebensstil selbst zu suchen, so möchten auch viele unternehmungsfreudige Priester die Fäden selbst in der Hand behalten und den Leuten genau sagen, wie alles zu laufen hat.

Eine Art, Macht über Menschen auszuüben, besteht darin, dem zu verfallen, was Dr. John Santos, Chef der Abteilung Psychologie an der Universität von Notre Dame, die Education-Enlightenment-Hypothese nennt –

das heißt, die Hypothese, die uns denken läßt, wenn wir den Menschen sagen, was uns selber hilfreich ist, werde das auch automatisch ihnen eine große Hilfe sein. Viele Sozialreformer sind immer noch der Überzeugung: wenn du den Menschen die richtigen Informationen und die richtigen Anweisungen gibst, wird sie das so aufklären, daß sie genau das tun werden, was du dir vorstellst. Aber nicht immer haben die Menschen den Eindruck, das, von dem du meinst, es sei gut für sie, sei wirklich auch für sie gut. Viele gutgemeinte Projekte, die viele qualifizierte Menschen entworfen haben, sind Makulatur geblieben oder sogar als Unsinn bezeichnet worden von Menschen, die andere Wertvorstellungen und andere Ansichten haben. Du kannst der Überzeugung sein, eine Hundert-Dollar-Note sei etwas Wertvolles – ein anderer hält sie vielleicht gerade für wert genug, sich seine Zigarette damit anzuzünden. Sogar die Erziehung kann zu einer Form der Machtausübung werden, wenn wir meinen, wir müßten den Menschen auf die Art helfen, daß wir ihnen unsere eigenen Wertvorstellungen als ideale Weltanschauung aufdrängen. Die Black-Power-Bewegung war zum Teil eine Reaktion gegen diese Education-Enlightenment-Hypothese, die uns fälschlicherweise denken ließ, die Schwarzen würden viel glücklicher, wenn wir sie mehr an der Lebensart der Weißen teilhaben lassen würden. Aber tatsächlich ist diese Art der Erziehung genau besehen eine Form der Propaganda, und diese Art des Anbietens von Hilfe ist Bestandteil des Gerangels um Macht und Einfluß.

Die raffinierteste Form des Machtgelüstes, und zugleich die am schwierigsten zu überwindende ist diejenige des Wartens auf Dank. Solange sich Menschen bei uns ausdrücklich für das, was wir für sie getan haben, bedanken, geben sie im Grunde zu, daß sie zumindest eine

Zeit lang von uns abhängig gewesen sind. Vielleicht genau deshalb machen wir in Gegenden, wo die Menschen in besonders armseligen Verhältnissen leben, die Beobachtung, daß dort die Menschen sehr zurückhaltend mit ausdrücklichen Bekundungen der Dankbarkeit sind. Niemand ist gern in den Augen anderer hilfsbedürftig, niemand steht gern vor den anderen so da, als könne er sich selber nicht helfen – aber ausdrücklicher Dank kommt oft dem offenen Eingeständnis einer solchen Lage gleich. Deshalb sollte es niemanden wundern, daß Menschen, die längere Zeit anderen geholfen haben, nur noch selten ein Dankeswort zu hören bekommen. In solchen Fällen wäre das nur eine ständige Erinnerung daran, wie abhängig die betreffenden Menschen sind, und das würde ihre Selbstachtung beeinträchtigen. So ist es vorgekommen, daß nicht nur einzelne Menschen, sondern ganze Staaten Geldgeschenke und dringend benötigte Medikamente abgelehnt haben; sie wollten lieber in gesunder Selbstachtung sterben als mit dem Gefühl leben, sie könnten nur leben, wenn anderen ihnen unter die Arme griffen.

Aber für den, der die Not von Menschen sieht und etwas dagegen tun möchte, ist es gar nicht so einfach, sich nicht wenigstens ein kleines Königreich dankbarer Menschen zu schaffen, die ihm immer wieder sagen, daß sie ohne ihn nicht das wären, was sie jetzt sind, und daß sie nicht das tun könnten, wozu sie jetzt in der Lage sind.

3. Die Gefahr des Stolzes

Schließlich gibt es die große Versuchung zum Stolz. Jeder, der die Gesellschaft verändern möchte, läuft Gefahr, sich selber auf einer höheren Warte zu fühlen und die Schwächen anderer Menschen schärfer zu sehen als die Mängel seiner eigenen Seele. Der Reformer, der fest davon überzeugt ist, daß es so nicht weitergehen kann, zieht aus, um die Welt zu verändern und unterliegt der Versuchung, zu unterstellen, er selbst bedürfe keiner Veränderung. Statt sich selber als Mitglied der Gesellschaft zu sehen, die reformbedürftig ist, kann es sein, daß er mit der Wahnvorstellung an sie herangeht, er sei der Erlöser dieser Gesellschaft, und er sei selber unanfechtbar, liege immer richtig und mache nichts falsch.

Es kann sein, er sieht die grausame Trennung von Rassen, aber ist blind für die Tatsache, daß das, was er als großes Drama auf der Weltbühne sieht, sich auch in seinem eigenen Herzen abspielt: daß er bestimmte Menschen als Dummköpfe abstempelt, andere als engstirnig, und wieder andere als aufgeblasene Typen. Vielleicht steht er dem Kapitalismus und der Geldverschwendung sehr kritisch gegenüber, ist aber blind dafür, daß sein eigener Lebensstil nur möglich ist dank der kapitalistischen Gesellschaft, die er in Grund und Boden verdammt. Oder er tritt mit Leidenschaft dafür ein, daß sich die Lebensbedingungen vieler Menschen bessern und daß die Menschenwürde für alle gewährleistet werden muß, aber gleichzeitig hört er nie jemandem richtig zu, ist unzugänglich für Kritik und glaubt keineswegs, daß er von andern etwas lernen könnte. Oder vielleicht hastet er von einer Tagung zur andern und vergißt darüber, daß er selber mehr und mehr den Kontakt zu den Quellen seiner eigenen Existenz verliert und für seine innere

Stimme taub wird. Vielleicht hat er sogar Angst vor dem Alleinsein und wagt es nicht, der Tatsache ins Auge zu sehen, daß er sich selber genauso dringend ändern muß wie die Welt, die er verändern möchte.

Wir haben also gesehen: die drei Gefahren für jeden Menschen, der unsere Gesellschaft verändern möchte, sind die Gefahr des Bedürfnisses nach greifbarem Erfolg, die Gefahr des Machtbedürfnisses und die Gefahr des Stolzes. Als Jesus sich dessen bewußt wurde, daß er berufen sei, die Gesellschaft, in der er lebte, in Frage zu stellen, ihre Grundanschauungen in Zweifel zu ziehen und sich für das Kommen des Reiches Gottes einzusetzen, war er sich zugleich dessen bewußt, daß auch er einer in der langen Reihe derjenigen werden könnte, die sich schon als Weltverbesserer betätigt und sich als Messiasse bezeichnet hatten. Tatsächlich wurde er in die Versuchung geführt, sofortige Ergebnisse zu erzielen: Steine in Brot zu verwandeln; die Macht und die Herrlichkeit aller Königreiche dieser Erde an sich zu ziehen; seine Unantastbarkeit zu beweisen, indem er sich von der Zinne des Tempels stürzte und sich von den Engeln auf Händen tragen ließe.

Aber einen wirklich grundlegenden Umsturz konnte er nur einleiten, indem er diesen Versuchungen widerstand; nur so war er imstande, die fesselnden Ketten seiner Welt zu sprengen und alle politischen Ambitionen zu vermeiden; und dadurch konnte er das ganz andersartige neue Reich, das kommen sollte, aufscheinen lassen.

In diesem Sinn hat Herbert McCabe recht, wenn er sagt: „Das zutreffendste Modell für den christlichen Seelsorger ist das des Revolutionsführers. Ja – der Priester sollte eigentlich der Anführer einer Revolution sein: Was wir heute im politischen Bereich als ‚Revolution' bezeichnen, das sollte er ganz persönlich in der metaphysischen und geistlichen Dimension durchmachen und dann andere dazu anleiten. Die so verstandene Revolution im tiefsten Wesen des Menschen ist nichts anderes als die Verkündigung der frohen Botschaft" (Priesthood and Revolution, Commonweal, 20. September 1968, 626).

Wir sind nun so weit, daß wir uns die Frage stellen können, was für Grundzüge der Mensch tragen muß, der sich als Christ einsetzt, um in unserer Gesellschaft etwas zu ändern.

II. Der Christ, der sich für die Besserung der Verhältnisse einsetzt

Jeder, dem die Krankheiten der Gesellschaft aufgegangen sind, in der er lebt, und der sich zunehmend gedrängt fühlt, sich für einen Wandel der sozialen Verhältnisse einzusetzen, wird den Versuchungen zu schnellen Lösungen, zu Macht und Stolz ausgesetzt. Viele sind dem Einfluß dieser Versuchungen derart verfallen, daß sie ihnen erliegen. Es scheint fast, es sei ein Widerspruch, sich für sozialen Wandel einzusetzen und sich gleichzeitig als Christ zu bezeichnen. Viele fragen sich: Wie kann ich mich aktiv für eine bessere Welt einsetzen, ohne Haß auf diejenigen zu entwickeln, die mir widersprechen, ohne der Versuchung zum Geschwätz, zur Verschwörung und zur energischen Ablehnung anderer zu erliegen? Wie kann ich für den ausgebeuteten Schwarzen eintreten, ohne seine feindlichen Gefühle für die Weißen zu teilen? Wie kann ich den Armen helfen, ohne die zu hassen, die ich sie ausbeuten sehe? Wie kann ich die Etablierten kritisieren, ohne selbst arrogant, rechthaberisch und engstirnig zu werden? Kurz: wie kann ich mich aktiv für eine bessere Welt einsetzen, ohne die christlichen Ideale zu verleugnen, die mir zum Beispiel gebieten, meine Feinde genauso wie meine Gesinnungsgenossen zu lieben?

Es gibt viele Menschen, die im Ringen um soziale Reformen von diesem Problem so stark mitgenommen worden sind, daß sie eine eigenartige Lösung gefunden haben. Um nicht wie der Kommissar zu werden, der bereit ist, einzelne Menschen zu opfern, um die Strukturen ändern zu können, haben sie die entgegengesetzte Richtung eingeschlagen: sie haben den Weg des Yogi gewählt.

Es ist nur zu verständlich, daß viele, die vom sozialen Einsatz erschöpft und von seinen Ergebnissen enttäuscht sind, den Weg der Innerlichkeit für sich entdeckt haben. Im ganzen Land sehen wir Zentren für Meditation und Autogenes Training aus dem Boden schießen, in denen die Menschen versuchen, mit dieser chaotischen Welt klarzukommen, indem sie ihre innere Einstellung ändern und sich selbst in innere Freiheit einüben. Oft haben sie sich auf dieser Suche nach einem neuen Weg östlichen Heilslehren zugewandt. Viele sind zutiefst zu der Überzeugung gelangt, alle Konflikte dieser Welt hätten ihren Ursprung im Herzen des Menschen haben, und ihr inneres Leben sei nur eine Miniaturnachbildung der grausamen Schlachtfelder der Gesellschaft draußen. Daher meinen sie jetzt, der einzig richtige Ansatzpunkt für eine Veränderung der Welt liege in ihrem eigenen Inneren.

Arthur Koestler schreibt: „Der Yogi glaubt, daß sich durch äußeres Organisieren nichts ändern läßt, aber daß sich alles ändern läßt durch das Arbeiten des Einzelnen an seinem Inneren, und daß jeder, der anders denkt, an der eigentlichen Fragestellung vorbeigeht" (The Yogi and the Commissar).

Die Frage wäre der Erörterung wert, ob nicht das zunehmende Interesse für die Pfingstbewegung innerhalb der katholischen Kirche der Ausdruck eben dieser Einstellung ist. Auch die Anhänger der Pfingstbewegung konzentrieren sich auf die innere Bekehrung, auf die Tilgung des Bösen aus dem Herzen des Menschen; sie betonen die personale Liebe und bemühen sich um die Schaffung kleiner Gebetsgemeinschaften; und damit sagen sie im Grunde auch, man könne mit einer Änderung unserer zerstörerischen Welt nur anfangen, wenn man mit der Änderung seines eigenen Herzens beginnt. Kein Wunder also, daß dem Anhänger der Pfingstbewegung genau wie dem Yogi immer wieder vorgeworfen wird, er sei weltfremd und verhalte sich gleichgültig gegenüber den großen sozialen Problemen von Krieg, Armut, Umweltverschmutzung, Rassentrennung, sozialer Ungerechtigkeit und Kriminalität und habe sich in ein privates Gärtchen der Innerlichkeit geflüchtet, wo er sich auf seine eigene Seele konzentrieren und die Regungen des Heiligen Geistes wahrnehmen könne, und obendrein machte er seine eigene Bekehrung zum Nabelpunkt der Lösung aller Probleme dieser Welt.

Aber weder der Kommissar noch der Yogi, weder der radikale christliche Reformer noch der Pfingstler sind in der Lage, die Probleme unserer Gesellschaft zu lösen. Die wichtige Aufgabe des Seelsorgers besteht im Grunde darin, in der Spannung zwischen beiden zu leben, zwischen ihnen zu vermitteln und nach einer Synthese von beiden zu suchen. Wer sich als Christ um sozialen Wandel bemühen will, ist berufen, zugleich ein Sozialreformer und einer zu sein, der seine eigene Seele nicht verliert, also ein Mensch der Aktion und zugleich ein

Mensch des Gebets. Er ist berufen, die großen Fragen unserer Zeit im Auge zu haben und zugleich nicht die Kinder, die Armen, die Kranken und die Alten zu vernachlässigen, die auf unsere persönliche Zuneigung und Aufmerksamkeit warten. Im Licht des christlichen Glaubens wird diese sorgfältige Balance möglich. Wenn der Seelsorger mit diesen Perspektiven lebt und sie den Mitgliedern seiner Gemeinde eröffnet, wird er zu einem echten Beförderer sozialen Wandels. Ja, wir können sogar sagen, daß jeder Christ, der diese Perspektiven aufzeigt, praktisch zum Diener seiner Mitmenschen wird. Darum möchte ich jetzt diese Perspektiven beschreiben als Perpektiven der Hoffnung, der schöpferischen Aufnahmefähigkeit und der gemeinschaftlichen Verantwortungsbereitschaft.

1. Die Perspektive der Hoffnung

Gabriel Marcel hat deutlich gezeigt, daß das, was viele Menschen als Hoffnung bezeichnen, in Wirklichkeit ein bloßes Wunschdenken ist. Das Leben jedes Menschen ist voller Wünsche. Das Kind wünscht sich ein Fahrrad, der Junge wünscht sich einen Fußball, der Student wünscht sich ein gutes Schlußexamen, der Mann wünscht sich ein Auto, ein Haus, einen Arbeitsplatz. Der Kranke wünscht sich die Gesundheit, der Arme wünscht sich Reichtum, der Gefangene wünscht sich die Freiheit. Dieses Wunschdenken gleicht dem Warten auf den Weihnachtsmann, an den man den Anspruch erstellt, er müsse ganz gezielte Bedürfnisse und Wünsche erfüllen, und wenn möglich, sofort. Wenn das Leben eines Menschen aber mit vielen solchen sehr genauen Wünschen ausgefüllt ist, läuft er ständig Gefahr, enttäuscht, verbittert und böse zu werden, denn zum größten Teil werden seine Wunschträume nicht wahr, und in ihm wächst das Gefühl, irgendwo und irgendwie sei der betrogen worden.

Ich habe den Eindruck, Seelsorger und Priester, die sich um soziale Veränderungen bemühen, werden häufig zu Opfern dieses Wunschdenkens. Sie setzen sich ein für bessere Wohnbedingungen, bessere Schulen oder bessere Nachbarschaftsverhältnisse. Sie haben sehr konkrete Ziele im Auge und sehr klare vorgefaßte Vorstellungen über den Weg dahin. Aber obwohl die Ziele wichtig und die Mittel vernünftig sind, neigen sie dazu, ihr eigenes Selbstwertgefühl davon abhängig zu machen, ob sich ihre Wünsche erfüllen. Zutiefst haben sie immer noch wenig Glauben und sorgen sich mehr um die Gabe, die sie haben wollen, als um den Geber, von dem sie sie erwarten.

Es bedarf einer starken Kraft der Hoffnung, um diese Soforterfüllungserwartung zu überwinden, denn die Tugend der Hoffnung richtet sich nicht auf die Gabe, sondern auf den, der der Geber alles Guten ist. Wir wünschen uns *etwas,* aber wir hoffen *auf jemanden* (vgl. Paul Pruyser, A Dynamic Psychology of Religion, New York 1968, 116–170). Daher gehört es wesentlich zur Tugend der Hoffnung, daß man auf Garantien verzichtet, daß man sich bedingungslos einsetzt und daß man sich nicht abzusichern versucht, sondern alles vom andern erwartet, ohne seinem Vertrauen irgendeine Grenze zu setzen. Das beste Beispiel für die Grundhaltung des Hoffens ist vielleicht immer noch die Haltung des Kindes seiner Mutter gegenüber. Ein Kind bedarf ständig ganz konkreter Dinge, aber seine Liebe zur Mutter steht und fällt nicht mit der Erfüllung aller dieser Ansprüche. Das Kind weiß, daß die Mutter immer sein Bestes will, obwohl es zeitweise weinen oder sogar auf die Mutter zornig sein mag; trotz allem ist es weiterhin grundsätzlich davon überzeugt, daß die Mutter es gut mit ihm meint.

Wer sich für die Besserung der sozialen Verhältnisse einsetzt, hat gewöhnlich sehr genaue Dinge im Kopf. Das muß so sein; aber er kann nur ein Mensch der Hoffnung bleiben, wenn er jeden Erfolg, den er erringt, als Geschenk betrachtet, das er in Freiheit annehmen soll. Niemand kann die Seele einer Gemeinschaft zu etwas zwingen. Die einzig offene Möglichkeit besteht daran, Bedingungen zu schaffen, unter denen sich die Gemeinschaft frei entfalten und die Wege entdecken kann, die zur Erlösung führen.

Ein Mensch der Hoffnung mag seine gesamte Energie, Zeit und Fähigkeiten für die Menschen aufbieten, für die er sich einsetzt; wenn er sich jedoch auf irgendein ganz konkretes Ergebnis versteift, läuft er Gefahr, sein letztes Ziel aus dem Auge zu verlieren. Durch seine Haltung des Hoffens dagegen verfällt er bei seinem Einsatz für den Wandel der sozialen Verhältnisse nicht der Versuchung, allzu schnell einen greifbaren Erfolg erzwingen zu wollen. Er sorgt sich nicht ängstlich um die Ergebnisse seines Einsatzes, denn er glaubt daran, daß Gott seine Verheißungen erfüllen wird, und daß es genau besehen eine Versuchung ist, genau wissen zu wollen, wie sie sich erfüllen. Das ist genau, wie wenn sich Mann und Frau Treue geloben: sie verlangen nicht voneinander, schon genau vorauszuwissen, was in zwanzig Jahren sein wird. Nur wenn sie ihre Zukunft offen lassen, können sie Enttäuschungen vermeiden und die Ergebnisse ihrer Beziehung zueinander als Geschenk empfangen.

Wenn ein Christ diese Hoffnungsperspektive anbieten kann, schafft er ein Klima, in dem er in Freiheit über die unmittelbaren Bedürfnisse der Gemeinschaft hinausschauen und seinen Einsatz in größere Zusammenhänge einordnen kann. Für diese Art von Führerschaft gibt es wahrscheinlich kein besseres Beispiel als dasjenige des Martin Luther King. Er ermutigte seine Anhänger, sich für ganz konkrete Rechte einzusetzen, für gleiche Plätze im Bus und im Restaurant und für Gleichberechtigung bei den Wahlen, aber gleichzeitig erhob er solche Dinge nie zum absoluten Wert, sondern blickte immer über die Ergebnisse seiner Aktionen hinaus auf die größere Frage, um die es ging: die umfassende Freiheit jeder menschlichen Person. Daher konnte er sagen, nicht nur der Schwarze sei unfrei, sondern genauso der Weiße, der ihn unterdrückte. Und das ermöglichte es ihm, Menschen vom Gebrauch der Gewalt abzuhalten, wenn sie ein erwünschtes Ziel nicht erreichten. Auf diese Weise konnte er sich mit Leib und Seele für die Sache der Bürgerrechte einsetzen, obwohl er wußte, daß er selbst die Ergebnisse nicht sehen würde. Und daher fürchtete er sich nicht vor dem Tod. Mitten in all seinen Aktivitäten erinnerte er seine Anhänger unablässig daran, daß kein Grund zur Hoffnungslosigkeit bestehe, auch wenn erst wenige Erwartungen erfüllt und wenige Änderungen herbeigeführt worden seien. Er machte seinen Anhängern immer wieder klar, daß sie auf dem Weg ins Gelobte Land waren und zunächst die Wüste durchqueren mußten, ehe sie dorthin gelangen konnten, wo Gott sein Volk ganz frei machen würde. Martin Luther King war imstande, eine so starke geistliche Führerrolle zu spielen, weil er trotz seines Begehrens nach Freiheit JETZT gelernt hatte, Geduld zu üben und zuzuwarten, bis es Gottes Wille war, seine Verheißungen zu erfüllen.

2. Die Perspektive einer schöpferischen Aufnahmefähigkeit

Indem er in sich und anderen die Bereitschaft zur Aufnahmefähigkeit entwickelt, kann der Seelsorger die Menschen davor bewahren, der Versuchung der Macht zu verfallen. Wer Änderungen herbeiführen möchte, muß zuallererst einmal lernen, sich von denen ändern zu lassen, denen er helfen will. Das ist natürlich außergewöhnlich schwer für denjenigen, der zum ersten Mal in eine Elendsgegend gerät. Er sieht dürftige Häuser, hungernde Menschen, verdreckte Straßen; er hört Menschen vor Schmerzen schreien und er sieht, daß sie keinerlei Medikamente haben; er riecht den Gestank ungewaschener Körper und ist in jeder Hinsicht überwältigt von dem ihn umgebenden Elend. Aber niemand ist imstande, wirklich zu geben, wenn er nicht zuvor entdeckt hat, daß das, was er gibt, nur wenig ist im Vergleich zu dem, was er selbst empfangen hat. Jesus sagt: „Selig die Armen, die Hungernden, die Weinenden" (Lk 6,21); täglich müssen wir fähig werden, diese Seligkeit wirklich zu sehen. Jesus sagt: „Was ihr einem meiner geringsten Brüder getan habt, das habt ihr mir getan" (Mt 25,40); folglich fordert er uns ausdrücklich auf, nicht nur dem und dem Menschen zu helfen, sondern obendrein in dem Bruder und der Schwester, denen wir helfen, die Schönheit Gottes zu entdecken. Solange jemand nur abscheuliche Armut sieht, ist er nicht wirklich zu helfen imstande. Anders ist das bei Menschen, die sich mit Haut und Haaren der Arbeit in den Slums und Ghettos verschrieben haben und die es als ihre Berufung ansehen, dort ihren Dienst zu tun: sie haben entdeckt, daß ungeheuer viel Reichtum und Schönheit im Lachen der Kinder steckt, in der Gastfreundschaft der Menschen, in ihrer Ausdrucksweise, in den Geschichten, die sie erzählen, in ihren Lebensweisheiten, in dem Wenigen, das sie miteinander teilen; ja, darin steckt soviel Zuneigung und menschliche Wärme, daß die Arbeit, die sie verrichten, nur eine bescheidene Gegengabe für das ist, was sie bereits empfangen haben. Wir können aus diesem Grund die vielen Missionare verstehen, die jahrelang unter den armseligsten Umständen gelebt haben und dennoch Heimweh nach ihrem Missionsgebiet bekommen, wenn sie in ihr Land zurückgekehrt sind, wo es alles im Überfluß gibt. Der Grund dafür ist nicht, daß sie sich nach Entbehrungen sehnen, sondern sie haben in den Menschen dort eine Schönheit gefunden, die sie daheim unter ihresgleichen vermissen.

Es gibt viele Länder, Städte und Siedlungen, die der Hilfe bedürfen, und es ist traurig, daß wir immer noch glauben, der beste Weg, andere zur Hilfeleistung für sie zu motivieren, bestehe darin, ihnen mittels Büchern und Fotos zu zeigen, wie armselig diese Menschen leben müssen. Gewiß, das erzeugt genug Schuldgefühle, um die Leute zum Öffnen ihrer Geldbeutel und zum Spenden von Geld zu bewegen, und sie besänftigen dadurch wieder für eine Weile ihr Gewissen. Aber das ist keine christliche Antwort. Im übrigen kann die Darstellung des Elends nicht nur Mitleid, sondern auch Aggression hervorrufen. Das ist ziemlich deutlich geworden, als man in Fernsehen, Illustrierten und Zeitungen im Übermaß Konzentrationslager, Filme über sterbende Kinder in Biafra und zahllose verstümmelte Leichname gezeigt hat. Solange wir die Lebensbedingungen anderer Menschen nur ändern wollen, um unsere Schuldgefühle darüber loszuwerden, daß es uns so gut geht, sind wir immer noch in dem Spiel mit der Macht verfangen und warten auf Dank. Erst wenn uns allmählich aufgeht, daß in vielerlei Hinsicht wir die Armen sind und diejenigen, die unsere Hilfe brauchen, die Reichen, die uns eine Menge zu geben haben, verfällt keiner, der sich wirklich im sozialen Dienst einsetzt, der Versuchung zur Macht. Dann hat er nämlich begriffen, daß es nicht darum geht, eine schwere Last zu tragen oder großherzige Opfer zu bringen, sondern darum, daß er immer mehr das Antlitz dessen entdecken darf, den er finden möchte.

Ich wünschte, mehr Bücher würden geschrieben über die sogenannten „armen" Länder und „armen" Städte, in denen nicht nur dargestellt wird, wie arm die Menschen dort sind und wieviel Hilfe sie brauchen, sondern in denen auch die Schönheit ihres Lebens aufgezeigt wird, ihre Spruchweisheiten, ihre Gebräuche, ihre Lebensweisen. Vielleicht könnte dann eine neue Art von christlichem „Tourismus" entstehen, in dem die Reisenden sich beschenken lassen von der Weisheit, dem Wissen und den Erfahrungen ihrer Gastgeber.

3. Die Perspektive der gemeinschaftlichen Verantwortungsbereitschaft

Wenn wir an Menschen in Leitungsämtern denken, neigen wir immer noch dazu, uns Einzelpersonen mit besonderen Talenten vorzustellen. Und tatsächlich: Männer wie Papst Johannes, John F. Kennedy, Martin Luther King und Dag Hammarskjöld sind in unseren Augen eindeutig Persönlichkeiten, die soziale Änderungen herbeigeführt und außergewöhnlichen Einfluß auf das Leben vieler Menschen ausgeübt haben, ja selbst auf den Lauf der Geschichte. Aber es wäre ein Fehler, einfach auf Menschen wie sie zu warten, bis große Dinge in Angriff genommen werden können. Vor nicht allzulanger Zeit sprach ich mit einem schwarzen Soziologen und fragte ihn nach leitenden Persönlichkeiten in der Gemeinschaft der Schwarzen. Er sagte: „Vielleicht haben wir Männer wie King gebraucht, aber jetzt kommt es mehr denn je darauf an, nicht so sehr nach Einzelpersönlichkeiten Ausschau zu halten, sondern nach Gemeinschaften, die in der Lage sind, Verhältnisse zu ändern."

Wenn christliche Laien, Seelsorger und Priester sich wirksam für sozialen Wandel einsetzen wollen, müssen sie zuallererst lernen, ihre Führungsaufgaben mit anderen zu teilen. Wir sind es gewohnt, zu Menschen zu sagen, sie trügen Verantwortung für dies und jenes. Auf einem anderen Blatt steht, ob wir ihnen auch die dazu erforderliche Autorität zugestehen. Mit Verwunderung stellt man fest, daß die meisten Priester immer noch sehr viel im Alleingang arbeiten und noch nicht schöpferisch genug sind, um die schlummernden Führungstalente in ihren Gemeinden zu wecken und ihre Verantwortung mit anderen zu teilen.

In erster Linie liegt das daran, daß es immer noch erst wenige Pfarreien gibt, wo die Priester wirklich wissen, was die anderen tun. Während kein Krankenhaus und keine Schule richtig funktionieren kann, wenn nicht regelmäßige Mitarbeiterbesprechungen stattfinden, ist es noch die große Ausnahme, daß in Pfarreien die gemeinsamen Anliegen regelmäßig diskutiert, analysiert und ausgewertet werden und in irgendeiner Form eine Strategie oder eine weiter vorausschauende Planung entwikkelt wird. Und zweitens werden Laien selten, wenn überhaupt, dazu eingeladen, aktiv bei der Seelsorgsarbeit mitzumachen. Zugleich klagen viele Priester über ihre Überlastung durch Kranken- und Altenbesuche, Vorsitz bei Sitzungen, Verwaltung der Finanzen und allem Drum und Dran ihrer Pfarrei und verkennen dabei, daß sich eine wirkliche Führungspersönlichkeit dadurch auszeichnen muß, daß sie Aufgaben delegieren kann. Zum Dritten kann sich keine Pfarrei in irgendeiner Stadt als ein eigenes kleines Königreich verstehen. Wenn sich Seelsorger und Laien aus verschiedenen Pfarreien regelmäßig treffen, ihre gemeinsamen Probleme diskutieren, ihre verschiedenen Talente füreinander einsetzen, ihre Ideen austauschen, ihre Vorhaben koordinieren und gemeinsame Pläne entwerfen für Unterricht, Predigt, Seelsorge und Finanzverwaltung; wenn sie kritisch die Hauptprobleme ihrer Stadt erörtern, bei Bedarf sich gemeinsam zu Wort melden und die Menschen wissen lassen, daß die Christengemeinschaft sich engagiert um die Tagesprobleme kümmert, dann kann die Kirche nicht übersehen werden. Das Ergebnis mag ein beträchtliches Maß an Ärger und vielleicht sogar offener Feindschaft sein, aber es träte dann immerhin eindeutig zu Tage, daß das Wort Gottes wieder vernehmlich ist als eine Stimme, die man ernstnehmen muß.

Natürlich bleibt dennoch das Problem des Stolzes. Die Bemerkung „kümmere dich um deinen eigenen Kram" kann man auch aus dem Mund vieler Christen hören. Es bedarf der Überwindung, einzugestehen, daß man etwas nicht selber fertigbringt und auch selbst ständiger Kritik bedarf; es bedarf der Demut, sich immer wieder darauf hinweisen zu lassen, daß die Probleme der Gesellschaft die Probleme sind, die man auch selber hat. Aber wo Seelsorgskräfte, Seelsorger, Priester und Laien im Geist der Liebe und der Demut an einem gemeinsamen Strick ziehen, eröffnen sich ganz überraschend neue Möglichkeiten.

Solche Mitarbeiterbesprechungen in der Seelsorge kann man allerdings mißverstehen als strategische Planungskonferenzen des Kommissars, die vor allem dazu dienen, gezielte Maßnahmen und präzise Angriffe auf soziale Probleme zu arrangieren. Aber das muß es nicht sein. Mitten in einer poblacion in Santiago, wo Armut, Hunger und Elend allgegenwärtig sind, kommen Priester und Schwestern dennoch jede Woche etliche Stunden zusammen, nicht in erster Linie, um Aktionspläne zu schmieden, sondern um ihre Erfahrungen untereinander auszutauschen, die Wirklichkeit, in der sie leben, sorgfältig ins Auge zu fassen, einander die Augen dafür zu öffnen, warum die Menschen sich so und so verhalten und dies und jenes sagen, und miteinander die Eucharistie zu feiern als eine Danksagung dafür, daß sie dem Volk dienen dürfen. Außenstehende könnten natürlich sagen: „Warum widmen sie sich nicht ihren Aufgaben, warum verbringen sie so viel Zeit miteinander, wo es doch immer noch so viele Menschen gibt, die nicht genug zu essen und zu trinken haben?" Aber diese Männer und Frauen wissen, daß sie im tiefsten Herzen Kontemplative sein müssen, wenn sie wirklich im Dienst der sozialen Änderung stehen wollen; daß sie fähig sein müssen, die Stimme Gottes aus dem Geschrei der Kinder herauszuhören und sein Antlitz hinter dem schmutzigen Vorhang des Elends zu erkennen.

Wir haben jetzt gesehen, wie die Perspektive der Hoffnung den Menschen vor der Versuchung bewahrt, sofort einen greifbaren Erfolg sehen zu wollen; wie sie ihm helfen kann, die Fallgruben der Macht zu umgehen, indem er aufnahmefähig wird, und wie sie den Stolz des Einzelnen dämpfen kann, indem er seine Verantwortung mit anderen teilt und sowohl für gegenseitige Kritik wie für gegenseitige Unterstützung offen ist.

Wenn er mit diesen Perspektiven lebt, kann der Seelsorger zum Katalysator werden; das heißt zu einem Menschen, der die verborgenen Fähigkeiten in seiner Gemeinde aufdeckt und sie so kanalisiert, daß sie im Dienst der Gemeinschaft schöpferisch wirksam werden.

Schlußfolgerung

Die grundsätzliche Frage dieses Kapitels war: Welche innere Beziehung besteht zwischen der Leitung einer Gemeinde und der Spiritualität? Diese Frage hat uns zu dem spezifischeren Problem geführt: Wie kann der Seelsorger zu einem wirksamen sozialen Wandel beitragen? Wir haben die Einstellung des Kommissars erörtert, der zunächst die Strukturen ändern möchte, selbst wenn er zu Macht greifen und Menschen opfern muß, um die konkreten Resultate zu erzielen, von denen er meint, sie seien unerläßlich, damit die neue Welt anbrechen kann. Wir haben auch die Einstellung des Menschen der Innerlichkeit erörtert, der der Auffassung ist, die Voraussetzung für einen Wandel der Strukturen unserer Gesellschaft sei der Wandel des Herzens jedes einzelnen Menschen. Aber wie der soziale Aktivist Gefahr läuft, zu vergessen, daß die Mängel nicht nur in unserer Gesellschaft, sondern auch im Reformer selbst stecken, so übersieht der Mensch der Innerlichkeit allzuleicht, daß die kolossalen Probleme unserer Gesellschaft bei weitem die persönlichen Einsichten und Fähigkeiten des einzelnen Menschen übersteigen. Der Christ, Laie, Priester oder Seelsorger, der sich wirksam für sozialen Wandel einsetzt, sieht sich ständig der Herausforderung gegenüber, eine schöpferische Synthese zwischen sozialem Aktivismus und persönlicher Innerlichkeit zu finden. Um dem Bedürfnis nach greifbarem Erfolg, Macht und Stolz zu entgehen, muß er in den Perspektiven von Hoffnung, Aufnahmefähigkeit und geteilter Verantwortung leben. Alles das zusammen bedeutet, daß er ein kontemplativer Mensch sein muß. Das christliche Leben ist kein Leben, das sich aufteilen ließe in Zeiten der Aktion und Zeiten der Kontemplation. Nein. Wirkliche soziale Aktion ist eine Form der Kontemplation, und wirkliche Kontemplation ist das Herzstück der sozialen Aktion. Bei näherem Zusehen sind Aktion und Kontemplation zwei Seiten ein und derselben Wirklichkeit, die jemanden dazu befähigt, Wandlungen herbeizuführen. Nur die Synthese von Kommissar und Yogi ermöglicht es deshalb, sich wirklich für sozialen Wandel einzusetzen und das trügerische Manipulieren zu vermeiden. Nur diese Synthese ermöglicht uns eine umfassendere Sicht, die über alle politischen, sozialen und wirtschaftlichen Entwicklungen hinausreicht, um uns unablässig wach zu halten und uns im Warten auf das Kommen einer neuen Welt zu bestärken. Denn ein Christ ist nur dann ein Christ, wenn er der Gesellschaft, in der er lebt, unablässig kritische Fragen stellt und ständig auf die Notwendigkeit hinweist, sich zu bekehren. Solcher Bekehrung bedarf nicht nur jeder Einzelne, sondern auch die gesamte Welt. Ein Christ ist nur dann ein Christ, wenn er es sich selbst und jedem anderen verbietet, sich endgültig bequem einzurichten. Er bleibt unzufrieden mit dem Status quo. Und er glaubt, daß er eine wesentliche Rolle bei der Verwirklichung der neuen Welt, die kommen soll, zu spielen hat – selbst wenn er nicht sagen kann, auf welche Weise diese Welt kommen wird. Ein Christ ist nur dann ein Christ, wenn er nicht aufhört, jedem, dem er begegnet, zu sagen, die Frohe Botschaft vom Reich Gottes müsse der ganzen Welt verkündet und vor allem Völkern bezeugt werden (Mt 24,13). Solange ein Christ lebt, bleibt er auf der Suche nach einer neuen Ordnung, in der es keine Einteilung von Menschen in verschiedenen Kategorien gibt; in der die Strukturen so sind, daß jeder Mensch dem andern die Hand schütteln kann; er bleibt auf der Suche nach einem neuen Leben, in dem dauerhaft Einheit und Frieden herrschen. Ein wirklicher Christ wird seine Mitmenschen davon abhalten, auf der Stelle zu treten, den Mut zu verlieren oder sich in kleine Alltagsvergnügen zu flüchten und sich darin zu verlieren. Zufriedenheit und Selbstgenügsamkeit machen ihn bei sich selbst und bei anderen unruhig, denn er weiß mit unerschütterlicher Gewißheit, daß etwas ganz Großes im Kommen ist, dessen erste Lichtstrahlen er bereits gesehen hat. Er glaubt nicht nur, daß diese Welt vergeht, sondern er ist davon überzeugt, daß sie vergehen *muß*, damit eine neue Welt geboren werden kann. Er glaubt, daß es keinen Augenblick in diesem Leben gibt, in dem man sich gemütlich zur Ruhe setzen kann in der Meinung, es bleibe nichts mehr zu tun. Aber er wird nicht alle Hoffnung fahren lassen, wenn er nicht die Ergebnisse sieht, die er gern gesehen hätte. Denn bei all seinen Bemühungen hat er immer die Worte dessen im Ohr, der auf dem Throne sitzt: „Siehe, ich mache alles neu." (Offb 21,5).

Fünftes Kapitel

Mehr als das Vollziehen trostvoller Rituale

Über das Feiern

Das Leben gehorsam annehmen

Einleitung

Im Januar 1970 hielten Studenten der Perkins School of Theology in Dallas, Texas, zwischen den Semestern ein Seminar über die Kulturrevolution und die Kirche ab. Zum Schluß der Veranstaltung, die das Ökumenische Institut in Chicago vorbereitet hatte, verfaßten sie eine Art gemeinsames Glaubensbekenntnis. In diesem Glaubensbekenntnis schrieben sie die folgenden bemerkenswerten Sätze: „Wir stehen vor einem Geheimnis: der Mensch entdeckt, daß ihm nur ein einziges Leben zur Verfügung steht – sein eigenes. Diese Tatsache anzunehmen und ihr entsprechend zu leben, bedeutet Gnade empfangen und bedeutet entdecken, daß alles am Leben gut ist. Wenn wir unseren Illusionen sterben, die uns vorgaukeln, das Leben müsse irgendwie etwas anderes sein, entdecken wir die verborgene tiefste Wahrheit des Lebens: sterben heißt leben. Wir als Christen nennen dieses Ereignis das Christusereignis und halten in unserer Zeit die Botschaft des biblischen Volkes wach" („Bimonthly Newsletter" des Ökumenischen Instituts, vol. IV, no. 3, Jan.–Febr. 1970, S. 3).

Dieses ausdrucksstarke Glaubensbekenntnis macht deutlich, daß der Seelsorger jemand ist, der uns zumutet, unser Leben zu *feiern:* das heißt, dem Fatalismus und der Hoffnungslosigkeit abzuschwören und für uns selbst zu entdecken, daß wir nur ein einziges Leben zum Leben haben und darin immer deutlicher erkennen sollen, wie Gott am Menschen am Wirken ist. Aber wie kommen wir so weit, daß wir tatsächlich aus diesem Grund unser Leben zu feiern imstande sind? Unser aller Leben bewegt sich zwischen zwei Zonen des Unbekannten, der Finsternis. Bei unserer Geburt kommen wir zögernd aus einer Finsternis, und bei unserem Sterben gleiten wir langsam in die andere Finsternis des Todes. Wir bewegen uns von Staub zu Staub, von Unbekanntem in Unbekanntes, von Geheimnis zu Geheimnis. Wir versuchen, uns auf dem dünnen Drahtseil des Lebens in der Balance zu halten. Unser Leben ist zwischen zwei absolute Endpunkte gespannt, die wir niemals gesehen und nie begriffen haben. Wir sind umgeben von der Wirklichkeit des Unsichtbaren; es umhüllt jede Einzelheit unseres Lebens mit einem Element des Unheimlichen, schenkt aber unserem Leben zugleich etwas Kostbar-Geheimnisvolles.

Die Berufung des Priesters besteht darin, die Menschen anzuleiten, ihrer menschlichen Situation voll ins Auge zu sehen und zugleich das sie umgebende Geheimnis zu feiern.

Aber wie feiern wir das Leben, wenn wir weder seinen Anfangs- noch seinen Endpunkt begreifen, noch den Sinn all dessen erfassen, was sich zwischen diesen beiden Punkten abspielt? Wenn wir in einer so ungewissen Lage sind, scheint das Feiern nicht gerade die angemessene Reaktion darauf zu sein. Und wenn wir nun wirklich feiern wollen – wie sieht der Mensch aus, der uns zeigen kann, wie wir diesen Wunsch in die Tat umsetzen können? Diese Fragen sind wesentlich für jeden Versuch, die innere Beziehung zwischen dem Feiern und der Spiritualität zu entdecken. Darum möchte ich in diesem ersten Abschnitt zwei Fragen erörtern: 1. Wie feiern wir das Leben? und 2. Wie muß der Mensch aussehen, der uns zum Feiern helfen kann?

I. Wie feiern wir das Leben?

Beim Wort „Feiern" denken wir spontan an fröhliches, unbeschwertes, heiteres Miteinander, bei dem sich für etliche Stunden der graue Alltag vergessen läßt, wo wir uns der Musik, dem Tanzen, Trinken und Lachen hingeben und viel miteinander scherzen und plaudern. Aber das Feiern im christlichen Sinn hat sehr wenig mit solchem Feste feiern zu tun. Das echte Feiern ergibt sich aus der tiefen Einsicht, daß Leben und Tod immer innerlich zusammenhängen. Echtes Feiern ist nur dort möglich, wo Furcht und Liebe, Freude und Trauer, Tränen und Lächeln nebeneinander existieren können. Feiern bedeutet, das Leben annehmen, wie es ist und sich immer tiefer bewußt werden, wie kostbar es ist. Das Leben aber ist kostbar nicht nur, weil man es sehen, berühren und schmecken kann, sondern auch, weil es eines Tages vorbei sein wird. Wenn wir eine Hochzeit feiern, dann feiern wir eine Vereinigung, aber auch eine Trennung; wenn wir eine Beerdigung feiern, dann feiern wir den Abschied von einem lieben Menschen, aber auch die Tatsache, daß er eine neue Form der Freiheit gefunden hat. Auf Hochzeiten kann es Tränen und nach Begräbnissen kann es Lachen geben. Ja, wir können genau wie unsere Freuden auch unsere Trauer zum Gegenstand der Feier unseres Lebens machen, aus der tiefen Einsicht, daß Leben und Tod keine Gegensätze sind, sondern daß sie einander in Wirklichkeit in jedem Augenblick unseres Lebens küssen. Wenn wir zur Welt kommen, werden wir freigesetzt, um selbständig atmen zu können, verlieren aber zugleich die Geborgenheit im Schoß unserer Mutter; wenn wir zur Schule gehen, erwerben wir die Freiheit, uns einer größeren Gemeinschaft anzuschließen, verlieren aber gleichzeitig den besonderen Platz in unserer Familie; wenn wir heiraten, finden wir einen neuen Lebensgefährten, verlieren aber die enge Bindung, die wir an unsere Eltern hatten; wenn wir Arbeit finden, gewinnen wir an Unabhängigkeit, weil wir selbst unser Geld verdienen, verlieren aber die Unterstützung durch Lehrer und Mitstudenten; wenn wir Kindern das Leben schenken, entdecken wir eine neue Welt, verlieren aber ein großes Stück weit unsere Möglichkeit, uns frei zu bewegen; wenn wir befördert werden, gewinnen wir in den Augen anderer mehr Ansehen, verlieren aber die Fähigkeit, uns auf größere Wagnisse einzulassen; und wenn wir uns schließlich zur Ruhe setzen, gewinnen wir die Möglichkeit, vieles zu tun, was wir schon lange tun wollten, verlieren aber die Selbstbestätigung, ein unentbehrliches Glied der Gesellschaft zu sein. Sind wir fähig gewesen, das Leben in all diesen entscheidenden Momenten zu feiern, in denen Gewinnen und Verlieren – und das ist: Leben und Sterben – untrennbar miteinander verbunden gewesen sind, dann werden wir fähig sein, auch noch unser eigenes Sterben zu feiern, denn dann haben wir vom Leben gelernt, daß der, welcher es verliert, es in Wirklichkeit findet (vgl. Mt 16,25).

Wer fähig ist, das Leben richtig zu feiern, kann sich gegen die Versuchung wappnen, die reine Freude suchen oder sich in reinem Schmerz verlieren zu wollen. Das Leben ist nicht in einer Plastiktüte verpackt und gegen alle Infektionen geschützt. Das Feiern ist das Gegenteil von Flucht aus der Wirklichkeit und vor dem vollen Annehmen des Lebens in seiner Vielfältigkeit und Widersprüchlichkeit. Was heißt das nun aber: das Leben annehmen? Um diese Frage zu beantworten, müssen wir drei Grundelemente des Aktes des Annehmens näher betrachten: das Zustimmen, das Sich-Erinnern, das Erwarten.

1. Das Zustimmen

Feiern heißt zuallererst einmal: unsere gegenwärtige Lage voll und ganz annehmen. Wir sagen ganz bewußt und ausdrücklich: Wir sind, wir sind hier, wir sind jetzt, und wir sagen dazu voll und ganz Ja. Wir können nur dann wirklich feiern, wenn wir in der Gegenwart voll anwesend sind. Ganz offensichtlich haben wir weithin die Fähigkeit verloren, in der Gegenwart zu leben. Viele sogenannte Feiern sind in Wirklichkeit nicht sehr viel mehr als ein trostloser Augenblick zwischen aufwendigen Vorbereitungen und langweiligen Nachbesprechungen. Wir können nur dann feiern, wenn es wirklich etwas in der Gegenwart gibt, das gefeiert werden kann. Wir können nicht Weihnachten feiern, wenn hier und jetzt nichts Neues geboren wird; wir können nicht Ostern feiern, wenn kein neues Leben in Sicht ist; wir können nicht Pfingsten feiern, wenn keinerlei Geist zum Feiern da ist. Das Feiern ist die Anerkenntnis, daß es etwas gibt und daß das sichtbar gemacht werden soll, etwas zu dem wir alle unser Ja sprechen können.

Ich habe ein sehr anschauliches Beispiel dafür in den Meditationssitzungen der Mitglieder der sogenannten „new generation" gefunden. Dort kommen Jugendliche zusammen und versuchen stundenlang, füreinander gegenwärtig zu werden und ihr Zusammensein als eine kostbare Wirklichkeit zu erfassen. Aber wie schwierig ist das! Man kann fast keinen Schritt, keinen Atemzug tun, ohne nicht von Gedanken und Ideen überflutet zu werden, die einen von einem selbst im Hier und Jetzt fortziehen und die einem Sorgen um tausend belanglose Kleinigkeiten einflößen. Plötzlich denkt man an seinen noch nicht fertigen Artikel, an seinen morgigen Terminkalender, an sein letztes Gespräch. Man stellt sich selber tausend Fragen, auf die es keine Antwort gibt, man schaut sich tausend unsichtbare Bilder an. Man ist nicht wirklich dort, wo man ist, sondern ständig irgendwo, wo man gar nicht sein möchte.

Aber wenn man es langsam und mit Sorgfalt fertigbringt, alle diese unwillkommenen Eindringlinge aus seinem Geist zu tilgen, kommt einem zu Bewußtsein, daß schon immer etwas auf einen gewartet hatte, dessen man sich nicht bewußt war: nämlich daß man seinem eigenen Selbst gegenwärtig werden kann. Zugleich wird man sich auch der wirklichen Anwesenheit des anderen bewußt, mit dem man zusammen ist. Weil er nämlich weiß, daß seine Erfahrung in der des anderen eine Resonanz findet, ist er bereit, einem zu zeigen, was er in seiner eigenen Gegenwart entdeckt hat.

In diesem Zusammenhang wird klar, was es wirklich bedeutet, miteinander zu beten. Es bedeutet nicht, miteinander Sorgen und Anliegen zu haben, sondern es bedeutet, auf eine ganz wirkliche Weise füreinander gegenwärtig zu werden. Dann wird es möglich, Gedanken zu teilen, weil es wirklich unsere gemeinsamen Gedanken sind; Gefühle miteinander auszutauschen, weil sie wirklich empfinden werden; über Sorgen zu sprechen, weil sie uns verwunden und wir ihre Schmerzen in unserer eigenen Seele spüren. Dann wird das Formulieren von Gebetsanliegen sehr viel mehr als eine beliebige Auswahl aus vielen möglichen Problemen, an die man gerade denken kann. Es wird stattdessen zum Versuch, so wie man gerade ist und empfindet, füreinander sichtbar und verfügbar zu werden. Wir erwarten dann nicht in erster Linie voneinander die Lösung eines Problems oder tatkräftige Hilfe, sondern wir erwarten gegenseitige Bestätigung und Ermutigung für unsere je eigene Weise, das Leben zu erfahren. Wo das stattfindet, beginnt sich Gemeinschaft zu bilden und wird zu einer Wirklichkeit, die sich feiern läßt als Bestätigung der Vielfalt des Seins, von dem wir alle ein Teil sind.

2. Das Sich-Erinnern

Indes, niemand kann wirklich sein gegenwärtiges Leben feiern, wenn es nicht sinnvoll rückgebunden ist an die Vergangenheit. Die Gegenwart kann nicht als Gegenwart erfahren werden, wenn man sich nicht der Vergangenheit als Vergangenheit erinnern kann. Jemand ohne Vergangenheit kann nicht die Gegenwart feiern und kann nicht sein Leben als ihm gehörig annehmen.

Vor nicht allzulanger Zeit nahm ich einen Anhalter mit, der mir erzählte, nach einem schweren Unfall habe er die Erinnerung an alles verloren, was in den letzten zehn Jahren gewesen sei. Als er in seine Heimatstadt zurückkam, war alles für ihn neu; für die Häuser, die er sah und für die Straßen, auf denen er ging, entwickelte er keinerlei Gefühle, Gedanken oder Beziehungen mehr. Alle seine Bekannten waren für ihn Fremde geworden, und alles, was er jetzt tat, hatte keinerlei Beziehung zu seiner Vergangenheit. Er war ein Mensch ohne Geschichte geworden und deshalb ein Mensch, der seinem gegenwärtigen Dasein keinen Sinn mehr abgewinnen konnte.

Für die Lebenserfahrung eines Menschen ist es von entscheidender Bedeutung, welches Verhältnis er zu seiner eigenen Vergangenheit hat. Die Vergangenheit kann zu einem Gefängnis werden, in das man sich für immer eingesperrt fühlt, oder zum dauernden Anlaß, sich selber auf die Schulter zu klopfen. Seine Vergangenheit kann einen tief beschämen oder mit Schuldgefühlen belasten, aber sie kann einem auch Gefühle des Stolzes oder der Selbstzufriedenheit einflößen. Manche Menschen werden voller Gewissensbisse sagen: „Könnte ich mein Leben noch einmal leben, dann würde ich vieles anders machen"; andere werden voller Selbstsicherheit sagen: „Glaube ja nicht, ich sei ein alter schwacher Mensch; schau dir doch diese Trophäen hier an; ich habe sie gewonnen, als ich jung war." Die Erinnerung ist eine der stärksten Quellen des Glücks und des Leidens der Menschen. Wenn wir unser Leben in der Gegenwart feiern wollen, können wir uns nicht von unserer Vergangenheit abtrennen. Nein, wir sind eingeladen, auf unsere Lebensgeschichte als eine Folge von Ereignissen zurückzuschauen, die uns dorthin geführt haben, wo wir heute stehen, und die uns verstehen hilft, was es bedeutet, in diesem Augenblick an dieser Stelle in der Welt zu stehen.

Wer sein Leben wirklich zu feiern imstande ist, wird seine Vergangenheit weder als Gefängnis noch als Quelle des Stolzes auffassen, sondern wird die einzelnen Ereignisse seiner Lebensgeschichte nüchtern annehmen und ganz und gar bejahen als den unverwechselbaren Stoff, der seiner Lebenserfahrung ihre Einmaligkeit schenkt.

Wenn wir während einer liturgischen Feier derer gedenken, die vor uns verschieden sind, tun wir sehr viel mehr, als einige fromme Gedanken auf unsere verstorbenen Angehörigen und Freunde zu richten. Wir anerkennen, daß wir in den Strom der Geschichte eingebettet sind; wir feiern, daß unzählige Menschen vor uns ihr ganz eigenes Leben gelebt haben und wir es ihnen verdanken, an dem Ort zu stehen, an dem wir heute sind; daß wir ihretwegen die Möglichkeit haben, unser ganz eigenes Leben zu leben und zu unserer Gegenwart voll und ganz Ja zu sagen.

3. Das Erwarten

Zur Feier des Lebens gehören neben der Bejahung des Lebens und dem Sich-Erinnern auch die Erwartung an die Zukunft. Würde der Vergangenheit das letzte Wort gehören, dann würde man sich mit zunehmendem Alter immer mehr ins Gefängnis seiner eigenen Geschichte einsperren. Wäre die Gegenwart der einzig mögliche Ort der Befriedigung, dann würde man sich an sie mit äußerster Genußsucht hängen und versuchen, aus ihr auch noch den letzten Tropfen Leben herauszupressen. In Wirklichkeit ist es so, daß die Gegenwart Versprechungen für die Zukunft enthält und auf weitere Horizonte des Lebens ausgerichtet ist. Das macht es uns möglich, im Augenblick der Feier nicht nur die Vergangenheit, sondern auch unsere Zukunft vor Augen zu haben.

Wie wahr das ist, habe ich unlängst gelegentlich einer schmerzlichen Erfahrung recht nachdrücklich erleben können. Im Januar letzten Jahres starb ein guter Bekannter von mir in Tunesien, wohin er für einige Monate zum Einsatz gegangen war, um den Menschen dort in der Not einer schrecklichen Überschwemmungskatastrophe zu helfen. Seine Eltern, einfache Farmer in einem kleinen Dorf, hatten große Erwartungen in ihren Sohn gesetzt, denn er war der erste Hochschulstudent der Familie. Sein Tod in einem fernen Land, das den meisten Leuten des Dorfes völlig unbekannt war, lähmte seine Familie und seine Freunde und war ein Schock für das ganze Städtchen.

Die schrecklichste Woche war die Woche, in der man nichts hatte als das Telegramm, dieses lächerliche Stückchen Papier, das etwas aussagte, was niemand glauben konnte. Aber als der Leichnam überführt und ins Dorf gebracht wurde, konnte der Tod dieses Studenten gefeiert werden. Der Umstand, daß er in Ausübung eines selbstlosen Einsatzes den Tod gefunden hatte, konnte anerkannt werden, und seiner Vergangenheit konnte man nun gedenken als einer Kette von Ereignissen, die zu dem tragischen Unfall geführt hatten. Aber ich bin zutiefst davon überzeugt, daß es nur deshalb zu einer wirklichen Feier gekommen ist, weil im Umfeld des Leichnams dieses jungen Mannes ein neues Leben spürbar wurde. Plötzlich ging Menschen auf, was es bedeutete, sein Leben für andere hinzugeben. Menschen, die niemals etwas über Tunesien gehört hatten, sprachen mit einem Mal über dieses Land und wollten wissen, was für Menschen diese fremdartig aussehenden Mohammedaner eigentlich sind. Menschen aus der Stadt begegneten Menschen auf dem Land und wurden gute Freunde. Und nachdem der Sarg in der Erde versenkt war, wurden sich die Menschen dessen bewußt, daß ihre Welt weiter, ihre Gedanken umfassender und ihre Lebenseinstellung tiefer geworden waren. Die Gegenwart enthielt also tatsächlich Verheißungen für die Zukunft. Das kam dann endgültig ans Licht, als wenige Monate später eine ganze Reihe weiterer Studenten sich entschlossen, das Werk fortzuführen, das ihr Freund angefangen hatte.

Das Leben feiern bedeutet also: die Gegenwart bejahen. Das ist nur voll und ganz möglich, wenn man sich der Vergangenheit erinnert und wenn man von der Zukunft erwartet, daß sie etwas noch Besseres bringen wird. Aber eine Feier in diesem Sinn findet selten statt. Nichts ist schwieriger, als wirklich sein eigenes Leben anzunehmen. Allzuoft kommt es vor, daß wir die Gegenwart verkennen, die Vergangenheit zum Anlaß für Klagen nehmen und der Zukunft mit Gefühlen der Hoffnungslosigkeit oder Gleichgültigkeit entgegensehen.

Als Jesus kam, um die Menschheit zu erlösen, kam er, um uns von den Grenzen der Zeit zu befreien. Er offenbarte uns nicht nur, daß Gott bei uns ist, wo immer in Zeit und Raum wir gegenwärtig sind. Er sagte uns auch, daß wir unsere Vergangenheit nicht vergessen oder verleugnen müssen, sondern daß wir uns an sie erinnern dürfen; daß uns alles Belastende darin vergeben wird. Und er versprach uns, daß wir auf seine Wiederkunft warten dürfen, bei der er uns enthüllen wird, was unseren Augen jetzt noch verborgen ist. Als Jesus von seinen Aposteln ging, gab er ihnen Brot und Wein zur Feier des Gedächtnisses dessen, was er getan hatte; so konnte er ihnen gegenwärtig bleiben, bis er wiederkommen würde. Das Wort „Eucharistie" bedeutet „Danksagung" und bedeutet eine Art und Weise, das Leben so anzunehmen, daß Vergangenheit und Zukunft im gegenwärtigen Augenblick zusammengebracht werden. Diese „Danksagungsfeier" möchte zu einer Lebensart anleiten, in der es möglich wird, wirklich das Leben zu feiern. Häufig findet diese eucharistische Feier an ganz anderen Orten statt als dort, wo sie formell angesetzt wird. Nicht immer wird wirklich dort das Leben gefeiert, wo Liturgien abgehalten werden. Zuweilen fällt beides zusammen, aber oft ist das nicht der Fall. Wahrscheinlich müssen wir ein ganz neues Gespür entwickeln für Menschen und Orte, wo keiner auf den Gedanken käme, von liturgischen Reformen und Veränderungen zu sprechen, aber wo das

Leben im tiefsten Eucharistischen Sinn voll und ganz bejaht wird.

II. Wie muß der Mensch aussehen, der uns zum Feiern helfen kann?

Wir möchten nun über denjenigen sprechen, der die Menschen zum Feiern befähigt. Dabei sehen wir uns vor die Tatsache gestellt, daß es dem Menschen in unserer Kultur äußerst schwer fällt, wirkliche Feiern zu veranstalten. Es sieht so aus, als sei es für den modernen Menschen eine äußerst schwierige Aufgabe geworden, das zu erfüllen, wozu uns unser christlicher Glaube einlädt: unser Leben voll und ganz zu bejahen, weil es das einzige Leben ist, das wir haben, und dieses Leben bewußt zu leben und als grundsätzlich gut anzuerkennen.

Wir leben in einer Kultur, in der die Worte Jesu: „Sorgt euch nicht ängstlich um den morgigen Tag; der morgige Tag wird für sich selber sorgen." (Mt 6, 34) wunderschön und romantisch, aber völlig unrealistisch klingen. Wir leben in einer derart verzweckten Gesellschaft, daß selbst unsere intimsten Augenblicke der Frage ausgesetzt sind: „Welchen Zweck hat das?"

Der moderne Mensch ißt und trinkt nicht einfach, sondern er veranstaltet Arbeitsessen und Wohltätigkeitsdiners. Er geht nicht einfach reiten oder schwimmen, sondern er gestaltet für sich und andere Reit- und Schwimmveranstaltungen. Er trainiert nicht einfach aus purer Lust an der Sache seinen Körper oder hört sich seine Lieblingsmusik an, sondern er fügt sich als Glied in eine ungeheure Sport- und Musikindustrie ein. Und er lebt ständig mit der Annahme, ganz wirklich leben werde er erst morgen. In dieser Lebensart ist die Vergangenheit zu einer Abfolge genützter oder verpaßter Gelegenheiten verkommen, die Gegenwart ist mit Sorgen um das Erzielen von Leistungen aller Art angefüllt, und die Zukunft wird zum Luftschloß, von dem man sich vorgaukelt, dort werde man endlich all seine Sehnsüchte erfüllt bekommen – und zugleich hegt man grundsätzliche Zweifel, ob es das wirklich jemals geben wird.

Ein Leben, das so beschaffen ist, kann man nicht wirklich bejahen und dann auch nicht wirklich feiern. Wir leben ja in der ständigen Anstrengung, es umzufunktionieren, aus ihm und mit ihm etwas anderes zu machen als es ist, etwas aus ihm herauszuwirtschaften und es so herzurichten, daß es unseren Plänen und Projekten entspricht. Wir besuchen Tagungen, Konferenzen und Kongresse. Wir diskutieren kritisch unseren eigenen Beitrag, beraten, was sich in Zukunft besser machen läßt, machen uns sorgenvolle Gedanken darum, ob unser großer Entwurf jemals zum Tragen kommen wird.

Unsere Kultur ist eine arbeitsame, hastige, sorgenvolle Kultur mit vielerlei Möglichkeiten – außer der Möglichkeit, unser Leben zu feiern. Wenn diese Beschreibung realistisch ist, müssen wir uns fragen, wie christlich unsere Kultur in Wirklichkeit ist. Bemerkenswert ist die Tatsache, daß die ersten und stärksten Reaktionen gegen diesen Lebensstil nicht von den Kirchen gekommen sind, sondern von den vielen Menschen, die am Rande unserer Gesellschaft leben und versuchen, dem Gestalt zu geben, was Theodor Roszak die „Gegenkultur" genannt hat. Einige echte Ansätze zu einem Lebensstil, in dem das Leben gefeiert werden kann, finden wir am ehesten in der Opposition aus Kreisen Jugendlicher gegen unsere technokratische Gesellschaft. Aus den Stimmen derer, die die neue Gegen-Kultur ausrufen, hören wir vielleicht einige Töne heraus, die einem christlichen Ohr vertraut klingen müßten. Roszak schreibt: „Die allererste Absicht unserer Gegen-Kultur ist: einen neuen Himmel und eine neue Erde zu verkünden, die so weit, so wunderbar sind, daß sich der unangemessen große Anspruch der technischen Fertigkeiten auf unser Leben vor dem Angesicht solcher Herrlichkeit auf eine untergeordnete und beiläufige Rolle zurückziehen muß. Wir müssen uns auf die skandalöse Möglichkeit vorbereiten, daß überall dort, wo die visionäre Vorstellungskraft zum Leuchten kommt, die Magie, der alte Widersacher der Wissenschaft, zu neuer Lebenskraft erwacht. Sie wird unsere Werktagswirklichkeit in etwas Größeres, vielleicht Angsterregenderes, bestimmt aber Abenteuerlicheres verwandeln, als alles das darstellt, was die viel niedrigere Rationalität des objektiven Bewußtseins jemals zustandebringen kann." (The Making of a Counter-Culture, Anchor Books Doubleday, New York 1969, 240).

Das ist genau die Ankündigung einer Art des Lebens, die sich feiern läßt. Aber wo ist dabei der Platz der Seelsorger und Priester, die zwar immer noch viele gläubige Menschen in ihren Kirchen haben, aber dennoch unter ihren Zuhörern keinen einzigen Anhänger der Gegen-Kultur finden? Solange der Geistliche nicht mehr tut, als am Sonntag die Schmerzen der Woche zu besänftigen, bleibt all sein Unterrichten, Predigen, Beraten und Organisieren lediglich der Dienst an einer Art Leben, das sich nicht feiern läßt.

Will er jedoch den Weg zur Feier des Lebens weisen, muß er eine besondere Art Mensch sein. Er muß in zunehmendem Maß ein gehorsamer Mensch werden – das heißt, ein Mensch, der es zuläßt, daß er von den Stimmen geführt wird, die er hört. Er muß eine Haltung des

Gehorsams gegenüber den Stimmen der Natur, gegenüber den Stimmen der Menschen und gegenüber der Stimme Gottes entwickeln.

Besprechen wir deshalb jetzt genauer die Spiritualität dessen, der wirklich feiern kann, unter dem Gesichtspunkt des Gehorsams.

1. Gehorsam gegenüber der Stimme der Natur

Wer andern zum Feiern helfen will, muß zunächst gegenüber den Stimmen der Natur gehorsam sein und muß die Fähigkeit besitzen, ihre Botschaft für seine Mitmenschen zu übersetzen. Vielleicht müssen wir auf diesem Gebiet viel von den Indianern lernen. Es scheint, wir haben uns derart einseitig darauf verlegt, die Natur zu bezwingen, daß wir für die Stimmen der Flüsse, der Bäume, der Vögel und der Blumen taub geworden sind. Sie haben uns unablässig etwas über unseren eigenen Zustand, über das Leben, die Schönheit und das Sterbenmüssen zu sagen.

Ein Wintu-Indianer äußert: „Die weißen Menschen haben nie Rücksicht auf das Land oder das Wild oder den Bären genommen. Wenn wir Indianer Fleisch töten, essen wir es alles auf. Wenn wir Wurzeln ausgraben, machen wir kleine Löcher ... Wir schütteln Eicheln und Kieferzapfen von den Bäumen. Wir fällen die Bäume nicht. Wir verwenden nur totes Holz. Aber die Weißen pflügen den Boden um, reißen die Bäume heraus, töten alle Lebewesen. Der Baum sagt: ‚Tu's bitte nicht, du tust mir weh. Schlag mit keine Wunden.' Aber sie fällen ihn und schneiden ihn in Stücke. Der Geist des Landes haßt sie ... Die Indianer verletzen nie etwas, aber die Weißen zerstören alles." (ebd. S. 245).

Der Indianer weiß, daß er immer mehr ein Teil der Natur werden soll, ein Bruder aller Geschöpfe, damit er seinen ihm angemessenen Platz in dieser Welt finden kann. Er übt seine Fertigkeiten im Einklang mit der Natur aus und gehorcht ihr. In seinen Masken gehen die Gesichter von Menschen und Tieren ineinander über, bei seinen Töpferarbeiten nimmt er sich Früchte wie den Kürbis zum Vorbild. Die Natur lehrt ihn die Formen, die er mit eigener Hand gestalten kann.

Es leuchtet ziemlich leicht ein, weshalb zu allen Zeiten die Menschen, die nach dem Sinn des Lebens gesucht haben, eine möglichst enge Verbindung mit der Natur gesucht haben. Nicht nur die heiligen Benedikt und Franziskus und Bruno in früheren Zeiten, sondern auch Thomas Merton, der in die Wälder von Kentucky ging, und die Benediktinermönche, die ihr Kloster in einem abgelegenen Canyon in New Mexico gebaut haben. Es ist gar nicht befremdlich, daß viele junge Menschen die Städte verlassen und aufs Land gehen, um dort auf die Stimmen der Natur zu hören und dadurch den Frieden zu finden. Und die Natur spricht tatsächlich: die Vögel haben zum heiligen Franziskus gesprochen, die Bäume zu den Indianern, der Fluß zu Siddharta. Je näher wir der Natur kommen, desto enger rühren wir an den Kern des Lebens, wenn wir feiern. Die Natur schenkt uns ein Gespür dafür, wie kostbar das Leben ist. Die Natur sagt uns, das Leben sei nicht nur kostbar, weil es da ist, sondern auch deshalb, weil es nicht notwendigerweise da sein muß.

Ich erinnere mich, daß ich eine Zeit lang Tag für Tag in einem öden Restaurant immer am gleichen Tisch mein Mittagessen einnehmen mußte. In einer kleinen Vase mitten auf dem Tisch stand eine wunderschöne rote Rose. Ich schaute die Rose mit Sympathie an und freute mich an ihrer Schönheit. Jeden Tag unterhielt ich mich im Stillen mit dieser Rose. Aber dann wurde ich mißtrauisch. Meine Stimmung wandelte sich im Laufe der Woche ständig und durchlief Phasen des Glücklichseins und der Traurigkeit, der Enttäuschung und des Ärgers, der Energie und der Gleichgültigkeit. Meine Rose dagegen blieb immer die gleiche. In mir kam ein Verdacht auf: ich streckte meine Finger nach der Rose aus, um sie anzufassen. Sie war aus Plastik. Ich war tief verletzt und setzte mich nie mehr an diesen Tisch zum Essen.

Mit einem Gegenstand aus Plastik können wir nicht sprechen, denn er kann uns nichts über die wirkliche Geschichte vom Leben und Sterben erzählen. Aber wenn wir empfindsam für die Stimme der Natur sind, werden wir vielleicht fähig, Klänge aus einer Welt zu hören, in der sowohl der Mensch als auch die Natur ihre Vollform finden. Wir werden niemals ganz die Bedeutung der sakramentalen Zeichen von Brot und Wein verstehen, wenn sie uns nicht die Augen dafür öffnen, daß die ganze Natur ein Zeichen ist, das auf eine Wirklichkeit hinweist, die sie selbst weit übersteigt. Die Gegenwart Christi in der Eucharistie wird nur dann zu einem „besonderen Problem" für uns, wenn wir den Sinn für seine Gegenwart in allem, was ist, wächst, lebt und stirbt verloren haben. Eine Sonntagsmeßfeier erschließt uns nur dann ihren tiefsten Sinn als Feier, wenn sie uns die Tatsache erschließt, daß sich das Wesentliche an ihr tagtäglich in der uns umgebenden Welt ereignet. Brot ist mehr als Brot, Wein ist mehr als Wein: es ist Gott mit uns – nicht als isoliertes Ereignis einmal pro Woche, sondern als konzentrierte Form eines Geheimnisses, von dem die gesamte Natur bei Tag und Nacht erzählt.

Von da her gesehen bedeutet das Wegwerfen von Nahrungsmitteln nicht nur deshalb eine Sünde, weil es immer noch so viele Hungernde in der Welt gibt. Es ist eine Sünde, weil es eine Verletzung der sakramentalen

Wirklichkeit von allem ist, was wir essen und trinken. Wenn wir dagegen immer mehr ein Gespür für die Stimmen von allem, was uns umgibt, bekommen und Respekt und Ehrfurcht vor der Natur entwickeln, wird auch unsere Fähigkeit zunehmen, uns wirklich um den Menschen zu kümmern, der in die Natur eingefaßt ist wie ein Saphir in einen Goldring.

2. Gehorsam gegenüber den Stimmen der Menschen

Wer andere anleiten möchte, ihr Leben zu feiern, bedarf mehr noch als gegenüber den Stimmen der Natur des Gehorsams gegenüber den Stimmen der Menschen. Wer wirklich die Fähigkeit besitzt, auf Menschen zu hören, wird auch in der Lage sein, sowohl ihre Sehnsucht als auch ihre Angst vor der Feier des Lebens zu erspüren. Das Feiern erfordert die Bereitschaft, sich von der Größe des Geheimnisses, das den Menschen umgibt, hinreißen zu lassen. In vielen Menschen aber, die ehrlich an den Grund ihrer eigenen Existenz rühren möchten, steckt ganz tief die Angst, von ihm aufgesogen zu werden und sich selbst zu verlieren. Der Mensch kann nicht ohne die Sonne leben; aber er weiß auch: wenn er ihr zu nahe kommt, verbrennt sie ihn. Der im Nützlichkeitsdenken befangene Mensch hat eine dicke Schutzschicht zwischen sich und die Quelle seiner Existenz gezogen, weil er fürchtet, sie könnte ihn in ihre Tiefe ziehen und völlig verschlingen. Aber diese gleiche Schutzschicht verurteilt ihn dazu, ein kaltes und entfremdetes Leben zu führen. Er weiß das und wendet sich verzweifelt an den Geistlichen, der eigentlich wissen müßte, wie man nahe am Geheimnis sein kann, ohne von ihm verschlungen zu werden, damit er ihm einen Weg aufzeige, wie er am wirklichen Leben teilhaben kann.

Roszak hat diese tiefe menschliche Sehnsucht zum Ausdruck gebracht mit den Sätzen: „Im letzten ist es die Wirklichkeit selbst, an der man teilhaben muß, die man sehen, berühren, atmen muß aus der Überzeugung, daß hier der letzte Grund unserer Existenz ist, der allen zugänglich ist und der durch seine Majestät jedem Menschen Adel verleiht, der sich für ihn öffnet. Eine Teilhabe von dieser Qualität – eine erfahrungsmäßige und nicht bloß politische – ist allein in der Lage, die Würde und Autonomie des einzelnen Bürgers zu gewährleisten. Die seltsamen Jugendlichen, die sich Kuhglocken und primitive Talismane um den Hals hängen und sich in öffentlichen Parks oder in der freien Landschaft versammeln, um dort fremdartig anmutende gemeinsame Rituale zu improvisieren, versuchen in Wirklichkeit, die Demokratie in einem Boden zu verankern, der weit tiefgründiger ist als unsere Kultur der Diplome und Reifezeugnisse" (ebd. S. 265).

Was viele junge Menschen empfinden, ist aber in Wirklichkeit Teil der Sehnsucht jedes Menschen: Das Leben in seiner ganzen Fülle zu leben, auf seiner tiefgründigsten Ebene. Der Seelsorger oder Priester steht vor der Aufgabe, den Weg dorthin zu zeigen. Auf ihn schaut man als auf einen Menschen, der engeren Kontakt als viele andere zu dieser Wirklichkeit hat, nicht als persönlichen Vorzug, sondern als besondere Gabe, die er mit anderen teilen soll. Roszak beschreibt an einer Stelle die Rolle des Schamanen, und das ist zugleich eine treffende Beschreibung des Dienstes, den jeder Seelsorger und Priester leisten sollte: er sollte sein wie ein „Künstler, der der Gemeinschaft sein Werk vorführt in der Hoffnung, daß alle, die darauf achten, durch dieses Werk wie durch ein Fenster Zeugen der Wirklichkeit werden können, die er ausgelotet hat." (ebd. S. 260).

Wenn die Gemeinschaft am Ritual teilnimmt, wird sie instand gesetzt, ohne Angst vor dem Verschlungenwerden die Wirklichkeit zu sehen, zu berühren und voll zu erfahren, die der Priester für sie entdeckt hat. In Roszaks Worten: „Das Ritual ist das Mittel (des Priesters), dessen er sich bedient, um seine Vision an die anderen weiterzufunken, es ist sein Angebot, das seine Botschaft enthält. Wird das mit Erfolg (vom Priester) vollbracht, so wird sich der Sinn der Gemeinschaft für die Wirklichkeit weiten" (ebd. S. 260).

Die große Versuchung besteht darin, die Nähe des Priesters oder Seelsorgers zum Geheimnis Gottes als Privileg aufzufassen, statt sie als Verantwortung zu begreifen; also aus seiner eigenen Berufung einen Sonderstatus und aus seinem Dienst ein profitorientiertes Erwerbsunternehmen zu machen. Wenn der Priester aber wirklich gehorsam gegenüber den ihm anvertrauten Menschen sein kann, wird er ihre tiefe Sehnsucht erkennen, das zu schauen, was er geschaut hat, das zu hören, was er gehört hat, an das zu rühren, was er berührt hat, und die Mauer niederzureißen, die sie von der „ungesehenen" (W. James) Wirklichkeit des Universums trennt. Dann wird er auf der Suche bleiben nach Wesen und Kanälen, Formen und Ritualen, Liedern, Tänzen und Gesten, die den Menschen in die Lage versetzen, angstfrei, wenn auch zitternd in Kontakt mit dem Heiligen zu kommen. Dann wird er es seinen Mitmenschen ermöglichen, ihre Krücken wegzuwerfen und in Freiheit singend und tanzend das Leben zu feiern.

3. Gehorsam gegenüber Gott

Aber hat der Priester und der Seelsorger irgendeine besondere Gabe, die er mit den anderen Menschen teilen kann? Hat er eine Vision, die er den anderen anbieten kann, damit sie ihnen neue Ansichten erschließen? Ist er näher als jemand anderer bei der Quelle seiner Existenz; weiß, fühlt und sieht er tiefer die Verfassung, in der der Mensch gefangen ist, aus der er aber freikommen möchte?

Wenn die Antwort „Nein" lautet, dann stellt sich zu Recht die Frage, ob er jemals in der Lage sein wird, den Menschen zu helfen, ihr Leben zu feiern. Wer ausgesondert ist, um Menschen ins innerste Lebensgeheimnis Gottes einzuführen, wird seiner Aufgabe nur gewachsen sein, wenn er nicht blind ist, wenn er selbst den Weg kennt und keine Angst hat, sich dem Thron Gottes zu nahen.

Die Priesterweihe bedeutet die Anerkenntnis und Bestätigung der Tatsache, daß ein Mensch jenseits der Mauern der Angst gegangen ist; daß er in intensivem Kontakt mit dem Gott der Lebenden steht und von der brennenden Sehnsucht getrieben wird, anderen den Weg zu Gott zu zeigen. Die Priesterweihe macht aus niemandem etwas Besonderes, sondern ist die feierliche Anerkenntnis der Tatsache, daß dieser Mensch imstande war, Gott gegenüber gehorsam zu sein, seine Stimme zu hören und seinem Ruf zu folgen, und daß er anderen den Weg zu dieser gleichen Erfahrung aufzeigen kann. Daher ist der Priester, der die Feier des Lebens ermöglichen möchte, ein Mann des Gebets. Nur ein Mann des Gebets kann andere Menschen zur Feier des Lebens führen, denn alle, die mit ihm in Kontakt kommen, spüren, daß er seine Stärke aus einer Quelle bezieht, die sie nicht ohne weiteres orten können, aber von der sie wissen, daß sie stark und tief ist. Seine innere Freiheit schenkt ihm eine gewisse Unabhängigkeit, hat aber nichts Autoritäres oder Überhebliches an sich. Sie befähigt ihn, über die unmittelbaren Bedürfnisse und dringendsten Wünsche der Menschen in seiner Umgebung hinauszuschauen. Er wird tief bewegt von den Geschehnissen in seiner Umgebung, aber er läßt es nicht zu, daß sie ihn erdrücken. Er hört aufmerksam zu, spricht mit einer selbstverständlichen Autorität, läßt sich aber nicht leicht in Aufregung oder Nervosität versetzen. Aus allem, was er sagt oder tut, spürt man heraus, daß er eine Grundperspektive hat, die sein Leben leitet. Dieser Grundorientierung gegenüber ist er gehorsam. Sie hilft ihm, ganz scharf Wesentliches von Unwesentlichem zu unterscheiden. Er ist nicht unempfindsam für das, was die Menschen erregt, aber er hat andere Maßstäbe, nach denen er ihre Bedürfnisse einordnet, weil er sie im Rahmen seiner Grundorientierung sieht. Er ist glücklich und zufrieden, wenn Menschen ihm zuhören, aber er möchte keine Cliquen bilden. Er hängt sich an niemanden ausschließlich. Was er sagt, klingt überzeugend und einleuchtend, aber er zwingt seine Meinung niemandem auf und ist nicht verärgert, wenn andere seine Ideen nicht akzeptieren oder seinen Willen nicht erfüllen. All das zeigt, daß für ihn im Letzten nur seine Schau der Dinge zählt, und daß er sich darum bemüht, sie wahr werden zu lassen.

Aber er ist auch gegenüber seinem Ideal innerlich frei. Er weiß, daß er nicht die Verwirklichung seiner Wunschträume erleben wird, und er betrachtet sich selbst nur als ein Wegweiser dorthin. Er besitzt gegenüber seinem eigenen Leben eine eindrucksvolle innere Freiheit. Aus seinen Taten wird deutlich, daß für ihn sein eigenes Dasein von zweitrangiger Bedeutung ist. Er lebt nicht, um sich selber am Leben zu erhalten, sondern um eine neue Welt mit aufzubauen, von der er bereits die ersten Bilder gesehen hat und die ihn derart anzieht, daß die Grenzlinien zwischen seinem Leben und seinem Sterben für ihn unerheblich werden. Ein solcher Mensch feiert nicht einfach das Leben, sondern kann auch in anderen den Wunsch wecken, das Leben zu feiern.

So haben wir also gesehen, daß der Gehorsam gegenüber der Natur, gegenüber den Menschen und gegenüber Gott die drei Merkmale des Menschen sind, der ein Diener der Feier des Lebens sein möchte. Kein Mensch kann für sich in Anspruch nehmen, ein vollkommener Künstler der Feier des Lebens zu sein. Nur Jesus war dazu ganz in der Lage, denn er lebte aus dem Gehorsam Gott und der Schöpfung gegenüber bis zum Tod, ja bis zum Tod am Kreuz (vgl. Phil 2,8). Ja, am Kreuz wurde er im vollsten Sinn zum Zelebranten des Lebens, denn dort am Kreuz besiegte er durch seine totale Gehorsamstat den Tod und gewann durch sie das Leben wieder. Von daher gesehen, kann jeder, der sich Priester nennt, sich selbst nur als schwaches Abbild dessen verstehen, der sein Leben am Kreuz hingab und es für alle zur Verfügung stellte, die berufen sind, ihr Leben als Kinder eines einzigen Vaters zu feiern.

Schlußfolgerung

Der Grundgedanke dieses Kapitels war, daß der Gehorsam gegen Gott und die Schöpfung die Grundbedingung dafür ist, daß man ein Zelebrant des Festes des Lebens werden kann. Wenn ein Seelsorger den Anspruch erhebt, ein Mensch zu sein, der andere dazu führen möchte, durch Zustimmung, Sich-Erinnern und Erwarten ihr Leben voll und ganz anzunehmen, steht er selbst vor dem Anspruch, ein Diener des Lebens zu sein. Er muß die Fähigkeit entwickeln, auf die Stimmen der Natur, der Menschen und Gottes zu hören und das, was er gehört hat, denen zu verkünden, die sich ihm zum Feiern anschließen möchten.

Durch Feiern gehen wir in das Himmelreich ein. Aber Jesus hat gesagt: „Wenn ihr nicht umkehrt und wie die Kinder werdet, könnt ihr nicht in das Himmelreich kommen" (Mt 18,3). Der kindgleiche Gehorsam läßt das Leben zu einem Weg ins Himmelreich werden. Wer jemals am Rand des Grand Canyon Gott Brot und Wein dargebracht hat, der mag leibhaftig erfahren haben, was es heißt, von Herzen feiern zu können, wenn uns die Demut frei gemacht hat. Wir sind nur ein winziges Stückchen der Geschichte und haben nur ein einziges kurzes Leben zum Leben. Wenn wir jedoch die Frucht unserer Mühen in die Hände nehmen und unsere Arme Gott entgegenstrecken, im tiefen Glauben, daß er uns hört und unsere Gaben annimmt, dann wissen wir, daß unser ganzes Leben ein Geschenk ist, ein Geschenk, das wir feiern dürfen.

Abschluß
Eine Spiritualität der Seelsorge

Wenn es einen Satz im Evangelium gibt, der in ganz konzentrierter Form alles zum Ausdruck bringt, was ich in den fünf Kapiteln dieses Buches zu sagen versucht habe, dann ist es der Satz, den Jesus zu seinen Aposteln am Tag vor seinem Tod gesagt hat: „Es gibt keine größere Liebe, als wenn einer sein Leben für seine Freunde hingibt" (Joh 15,13).

Für mich fassen diese Worte die Bedeutung jedes christlichen Seelsorgsdienstes zusammen. Das Unterrichten, das Predigen, die Einzelseelsorge, das Organisieren und das Feiern sind Verrichtungen, die die Ebene professionellen Könnens übersteigen; und das genau deshalb, weil in diesen Verrichtungen der Seelsorger vor dem Anspruch steht, sein Leben für seine Freunde hinzugeben. Es gibt viele Menschen, die nach einer langen Ausbildung ein hohes Niveau an Kompetenz auf dem Gebiet der menschlichen Verhaltenswissenschaft erlangt haben – aber wenige davon sind bereit,ihr eigenes Leben für andere hinzugeben und ihre Schwäche zu einer Quelle schöpferischer Inspirationen werden zu lassen. Für viele Menschen ist professionelle Ausbildung gleichbedeutend mit Macht. Aber der Seelsorger, der sein Obergewand ablegt, um seinen Freunden die Füße zu waschen, ist machtlos, und seine Erziehung und Ausbildung haben den Sinn, ihm die Fähigkeit zu vermitteln, ohne Angst seiner eigenen Schwäche in die Augen zu schauen und sie anderen zur Verfügung zu stellen. Genau diese schöpferische Schwäche ist es, was dem Seelsorgsdienst sein Eigengewicht verleiht.

Das Unterrichten wird zum Dienst, wenn der Lehrer nicht bei der bloßen Wissensvermittlung stehenbleibt, sondern bereit ist, mit seinem Schüler seine eigene Lebenserfahrung zu teilen. Dadurch kann er lähmende Ängste beheben, neue befreiende Einsichten können zutage treten, und echtes Lernen kann stattfinden. Das Predigen wird zum Dienst, wenn der Prediger nicht beim Wiederholen der alten Geschichte stehenbleibt, sondern seinen Hörern auch sein eigenes tiefstes Selbst zugänglich macht und es ihnen so ermöglicht, das Wort Gottes zu empfangen. Die Einzelseelsorge wird zum Dienst, wenn derjenige, der anderen helfen will, nicht beim sorgfältigen Ausgleich von Geben und Nehmen stehenbleibt, sondern bereit ist, sein eigenes Leben ins Spiel zu bringen und seinem leidenden Mitmenschen auch dann treu zu bleiben, wenn sein Name und Ruf in Gefahr kommen. Das Organisieren wird zum Dienst, wenn derjenige, der organisiert, nicht bei seinem Wunsch nach konkreten Ergebnissen stehenbleibt, sondern auf seine Umgebung mit der unerschütterlichen Hoffnung auf eine allumfassende Erneuerung zugeht. Das Feiern wird zum Dienst, wenn der Zelebrant nicht bei absichernden Ritualen stehenbleibt, sondern bereit ist, im Gehorsam das Leben als Geschenk anzunehmen.

Zweifelsohne bedarf jede dieser Dienstaufgaben sorgfältiger Vorbereitung und bewährter Kompetenz, aber dennoch kann keine von ihnen jemals als echter Seelsorgsdienst bezeichnet werden, wenn diese Kompetenz nicht auf die radikale Bereitschaft gegründet ist, sein Leben im Dienst der anderen hinzugeben. Seelsorge bedeutet den unablässigen Versuch, sein eigenes Suchen nach Gott mit all seinen Höhen und Tiefen an Schmerzen und Freude, an Trostlosigkeit und Hoffnung denjenigen zur Verfügung zu stellen, die sich ebenfalls auf diese Suche begeben möchten, aber nicht wissen, wie sie es anstellen sollen. Deshalb ist der Seelsorgsdienst in keiner Weise ein Vorrecht. Er ist im Gegenteil das Herzstück des christlichen Lebens. Kein Christ ist wirklich ein Christ, wenn er nicht auch zugleich immer in irgendeiner Form Seelsorger ist. Es gibt sehr viel mehr Formen der Seelsorge als die fünf, die ich in diesem Buch erörtert habe; aber diese fünf füllen im allgemeinen das Alltagsleben der geweihten Priester und ordinierten Seelsorger aus. Aber ganz gleich, welche Form der christliche Seelsorgsdienst annimmt, seine Grundlage ist immer die gleiche: daß man sein Leben für seine Freunde hingibt.

Warum jedoch gibt jemand sein Leben für seine Freunde hin? Auf diese Frage gibt es nur eine Antwort: um neues Leben zu schenken. Alle Formen der Seelsorge sind Formen der Weckung von Leben. Ob jemand nun unterrichtet, predigt, seelsorglichen Rat gibt, organisiert oder Feiern gestaltet: sein Ziel ist immer, neue Perspektiven zu eröffnen, neue Einsichten zu erschließen, neue Kraft zu vermitteln, die Ketten des Todes und der Vernichtung zu zerbrechen und neues Leben zu stiften, zu dem sich voll und ganz Ja sagen läßt. Kurz: sein Ziel ist immer, seine Schwäche in schöpferische Stärke umzuwandeln.

Wenn also jemand im Dienst der Seelsorge stehen will, soll er sein Glück darin suchen, sich vor allem seiner Schwächen rühmen zu können, damit die Kraft Christi in ihm bleiben kann ... denn wenn er schwach ist, dann ist er stark (vgl. den heiligen Paulus in 2 Kor 12,9–10).

Jeder Mensch braucht irgendwann in seinem Leben diesen seelsorglichen Dienst; aber es sieht so aus, als versage das Christentum in seiner Fähigkeit, diesen Dienst wirksam anzubieten, und es erscheine vielen Menschen, die den zunehmend zerstörerischen Potentialen unserer Welt ausgesetzt sind und im Laufe ihrer eigenen kurzen Geschichte im Übermaß die skrupellose und grausame Vernichtung von Leben erfahren haben, als nichtssagend. Wenn solche Menschen vom Leben Jesu und seiner Apostel hören, ist ihnen unklar, was diese alte Geschichte mit unserem Zeitalter der atomaren Mächte zu tun haben soll. Wenn man ihnen sagt, ihr Leben sei in der großen Geschichte der Menschheit von Bedeutung, denn in dieser Geschichte solle die Erlösung durch den Tod Christi immer deutlicher sichtbar werden, sehen sie in Wirklichkeit nicht sehr viel mehr als die ständige Zunahme von Krieg, Armut, Grausamkeit und sinnloser Zerstörung ihrer Umwelt. Will man sie mit dem Gedanken trösten, dieses Leben sei nicht das endgültige Leben, sondern es finde seine Fortsetzung in einem Jenseits, stellen sie die Frage, ob es in diesem Leben viel gibt, was der Fortsetzung wert sei, und ob es besonders sinnvoll sei, von einem neuen Leben in einer ungewissen Zukunft zu träumen, wenn in einer Welt, die nicht mehr nur den Menschen, sondern sich selbst und ihre ganze Geschichte ausrotten kann, Wörter wie „morgen", „nächste Woche", „nächstes Jahr" und „später" ihren Sinn ganz und gar verlieren.

Vielleicht steht die offensichtliche Krise der christlichen Seelsorge in direktem Zusammenhang mit der Tatsache, daß der moderne Mensch, der so vielen besorgniserregenden und extrem widersprüchlichen Erfahrungen und Gedanken ausgesetzt ist, kaum mehr sinnvolle Wurzeln in seiner Vergangenheit und auch nicht mehr viele Aussichten für seine Zukunft erkennt. Robert Jay Lifton spricht von einem „weltweiten Gefühl der ... Entwurzelung aus der Geschichte", und er beschreibt es als „Zerbrechen des Gefühls der Zusammengehörigkeit mit den vitalen und lebensspendenden Symbolen ihrer kulturellen Tradition, das die Menschen früher getragen hat, mit Symbolen bezüglich Familie, Ideengefügen, Religion und dem Lebenszyklus im allgemeinen" („Protean Man", Partisan Review 1968, 16).

Aber wenn unser Atomzeitalter – das in der Lage ist, nicht nur einzelne Menschen und Familien zu zerstören, sondern ganze Kulturen und ihre Geschichte, ganze Länder und ihre Möglichkeit zur Wiedergeburt – der Grund ist, daß viele Menschen das Vertrauen in die christliche Seelsorge verloren haben, muß man fragen, ob wir wirklich ganz begriffen haben, was es heutzutage bedeutet, sein Leben für seine Freunde hinzugeben.

Um die volle Bedeutung dieser Berufung zu begreifen, müssen wir vielleicht über die offizielle Kirche hinausschauen, denn Worte wie „Konzentration", „Meditation" und „Kontemplation" werden heutzutage wieder mit großer Aufmerksamkeit von tausenden junger Menschen in den Mund genommen, die nicht auf den Gedanken kommen würden, eine Kirche zu betreten oder einen christlichen Seelsorger aufzusuchen. Die Vielzahl der Mittel und Wege ist unüberschaubar, mit denen sie versuchen, ihre Verworrenheit und Ruhelosigkeit hinter sich zu lassen und in sich selber zu einer Erfahrung vorzustoßen, die sie über ihr eigenes begrenztes Bewußtsein hinausführt. Sie stellen Versuche an mit neuen Methoden des Einübens gegenseitiger Beziehungen, mit neuen Wegen gewaltfreier Kommunikation, mit neuen Zugängen zur Erfahrung des Einsseins und der Vereinigung, mit neuen Weisen der Sorge umeinander und mit neuen Formen der Feier ihres Lebens. Sie entleihen nicht nur aus der christlichen Tradition Symbole, sondern auch vom

Buddhismus und Hinduismus; sie versuchen, durch natürliche und künstliche Stimulantien wie Blumen, Weihrauch und halluzinogene Drogen ihr Bewußtsein zu erweitern. Sie tun sich in Gemeinschaften zusammen, üben Gütergemeinschaft, leben, singen und gebärden sich als Propheten eines neuen Freiheitsgefühls.

Man kann ohne Übertreibung sagen, daß einerseits mit jedem Jahr die Kirchen leerer werden, aber andererseits die Suche nach neuen Formen der Seelsorge am Rande des Christentums immer stärker wird, und daß in den vielen Katakomben unserer modernen Städte das Unterrichten, Predigen, Menschenführen, Organisieren und Feiern ganz neue Formen annimmt. Mitten in unserer chaotischen Welt werden wir uns mehr und mehr der ständigen Gefahr totaler Vernichtung bewußt und schreien verzweifelt nach einer neuen „Spiritualität", die den Menschen hilft, bei ihrer Suche nach einem Sinn für ihr Leben einen Weg zu finden. Lifton beschreibt diese neue Spiritualität als „den Pfad einer experimentellen Transzendenz – als das Suchen nach einer Unsterblichkeitserfahrung, wie sie die Mystiker schon immer hatten, durch psychische Erfahrungen von so großer Intensität, daß sie tatsächlich Zeit und Tod überwinden" (ebd. 27).

Man muß traurig feststellen, daß nur sehr wenige Seelsorger in der Lage sind, die reiche mystische Tradition des Christentums als Quelle der Wiedergeburt an eine Generation zu vermitteln, die mitten zwischen den Trümmern einer wankenden Zivilisation nach neuem Leben sucht. Vermutlich hindern uns unsere Beschäftigung mit uns selber, unsere Angst vor Erfolglosigkeit und unsere Fixierung auf innerkirchliche Streitigkeiten daran, uns in Freiheit der Erfahrung des transzendenten Gottesgeistes auszusetzen, der unsere Herzen und auch unsere Welt neu schaffen kann. Wahrscheinlich sind wir noch nicht dazu fähig, den tausenden von Menschen, die sich auf riskante Experimente mit den Kräften des Unsichtbaren einlassen, die so dringend notwendige Führung anzubieten. Vielleicht haben wir selbst den Kontakt mit diesen Kräften verloren und tun die Geschichten aus den Katakomben allzu vorschnell als wirr, gefährlich und unreif ab. Aber ich fürchte, die vielen offensichtlichen Fehler, Mißerfolge und unerleuchteten Experimente machen uns blind für die Tatsache, daß es unterhalb all dieser tatsächlich fragwürdigen Erscheinungen die tiefe Sehnsucht nach einer neuen Einsicht, einem neuen Verstehenshorizont und, vor allem, einem neuen Leben gibt.

Soweit ich meinen eigenen Empfindungen und begrenzenden Erfahrungen mit jungen Studenten glauben kann, habe ich den Eindruck, daß wir uns einer Zeit zunehmender Suche nach Spiritualität nähern, das heißt des Bedürfnisses, Gott in diesem Augenblick unseres Lebens zu erfahren. Wenn es in der Vergangenheit zu wenig gibt, an das wir uns halten können, und wenn die Zukunft so wenig verlockende Aussichten bereithält, wird das Bedürfnis immer stärker, einen Sinn seines Lebens im Hier und Jetzt zu erfahren.

Ein zwanzigjähriger katholischer Student, der seiner Kirche jegliche Kompetenz für seine Anliegen absprach, aber verzweifelt nach einem Sinn für sein Leben suchte, sagte mir: „Wir haben es mit Drogen versucht, und es hat nichts gebracht; wir haben es mit Sex versucht, und es hat nichts gebracht; am Schluß bleibt bloß noch der Selbstmord übrig – und Sie werden sehen: in den nächsten Jahren wird die Ziffer der Selbstmorde steil in die Höhe schießen." Die einzig mögliche Antwort darauf scheint mir darin zu liegen, daß wir die transzendierende Macht des geistlichen Lebens neu entdecken, das dem Menschen mitten zwischen ständig wechselnden Ideologien, wankenden politischen, sozialen und religiösen Strukturen und der ständigen Bedrohung durch Krieg und totale Vernichtung einen festen Stand verleiht. Für den modernen Menschen mag es äußerst schwierig sein, eine innere Nähe zu Jesus von Nazareth zu empfinden, der in einer ganz anderen Welt gelebt hat; noch schwieriger mag es für ihn sein, auf den Tag seiner Wiederkunft zu warten; aber mehr denn je ist es ihm vielleicht möglich, den Geist Christi zu erfahren als einen lebendigen Geist, der es dem Menschen ermöglicht, die engen Schranken des Gefängnisses unserer Existenz zu durchbrechen und uns die Freiheit zu schenken, uns für eine neue Welt einzusetzen.

Damit die Menschen zu dieser transzendentalen Erfahrung finden, bedarf es jedoch der geistlichen Führung und Seelsorge. Wir brauchen dringend Männer und Frauen, die bereitwillig eine sorgfältige Vorbereitung, eine solide Ausbildung und eine qualifizierte Einübung auf sich nehmen, die aber zugleich innerlich frei genug sind, um die einengenden Grenzen aller Disziplinen und Spezialisierungen hinter sich zu lassen aus der Überzeugung, daß der Geist Gottes jenseits aller professionellen Kunst am Wirken ist. Wir brauchen dringend Christen, die alles daran setzen, ihr Gespür für Gottes Gegenwart in ihrem Leben und auch im Leben anderer zu entwikkeln, und die dadurch ihren Mitmenschen zum vollen Bewußtsein ihrer selbst und ihrer Freiheit verhelfen. Wir brauchen dringend Seelsorger im tiefsten Sinn des Wortes, die ihr Leben für ihre Freunde hingeben; die ihnen helfen, die konstruktiven von den destruktiven Geistern zu unterscheiden; die sie freisetzen für die Entdeckung von Gottes lebenspendendem Geist mitten in dieser krankmachenden Welt. Wir brauchen dringend Schwache, deren Schwäche schöpferische Kraft entwickelt.

Nachwort

Wenn ich darauf zurückschaue, wie ich dieses Buch geschrieben habe, geht mir immer mehr auf, daß es ein sehr persönliches Buch ist. Genau genommen ist es der Versuch, Gedanken und Gefühle über die Seelsorge ins Wort zu bringen, die mir auf allen Höhen und in allen Tiefen meiner eigenen Erfahrungen gekommen sind. Ich hatte gehofft, daß ein sorgfältiges Bedenken all dieser Erfahrungen etwas Licht auf die verschiedenen Fragen werfen könnte, die ich mir selbst gestellt hatte, und daß sie mir selbst helfen würden, die Richtung zu erkennen, in der ich weitergehen sollte.

Ich hatte auch die Hoffnung, mein „Bekenntnis" könne für andere in der anhaltenden Diskussion über Wert und Sinn der christlichen Seelsorge hilfreich sein. Daher soll der Abschluß dieses Buches nicht den Abschluß einer Diskussion darstellen, sondern diese Diskussion soll erst eigentlich anfangen. Tatsächlich ist diese Diskussion bereits Bestandteil dieses Buches geworden, denn ich habe die verschiedenen Kapitel schon Priestern und Seelsorgern, Schwestern und Sozialarbeitern, Eltern und Studenten zu lesen gegeben, und mir ging immer deutlicher auf, daß die Erfahrungen vieler Menschen ganz anders waren als die meinigen, und daß sie sich in den Gedanken, die ich zu formulieren versucht hatte, kaum selbst wiederfinden konnten. Angesichts einer solchen Überfülle von Fragen und Kritikpunkten war ich zunächst geneigt, den ganzen Text noch einmal zu überarbeiten und wieder von vorne anzufangen. Aber dann sah ich, daß das unmöglich war, denn ich konnte meine eigene Vergangenheit nicht ändern und mußte die Grenzen annehmen, die eine ganz persönliche Darstellung notwendig mit sich bringt. Mein Freund Don McNeill öffnete mir die Augen dafür, daß es sehr viel realistischer und im Sinne meiner eigenen Überzeugung sei, wenn ich die Fragen und Kritikpunkte am Ende dieses Buches zitierte, statt die ungeprüften Antworten darauf in den Text selber hineinzuschmuggeln.

Ja, es gibt also viele offene Fragen. Jedes Kapitel hat ganz eigene. Einige von ihnen möchte ich hier formulieren.

Über das Unterrichten
Was Sie über die Beziehung zwischen Lehrer und Schüler sagen, mag im Kontext einer Universität von Belang sein, aber wie sieht das an einer Haupt-, Mittel- und Oberschule aus? Sind Ihre Überlegungen nicht allzu romantisch angesichts der Tatsache, daß Sie die Aufgabe haben, Kindern, die kaum eine Minute stillsitzen können, Mathematik beizubringen?

Über das Predigen:
Muß man nicht ein ausgebildeter Psychologe sein, um in der Art, wie Sie es vorschlagen, für die Menschen verfügbar zu sein? Was davon kann der gewöhnliche Priester verwirklichen, der Woche für Woche auf die Kanzel steigen muß? Stellen Sie nicht etwas zu hohe Ansprüche? Und ist grundsätzlich nicht die direkte Vorstellung des Wortes Gottes, gelegen oder ungelegen, wichtiger als die feinsinnige Erhellung der Gefühle der Menschen?

Über die Einzelseelsorge:
Ich arbeite als Gefängnisseelsorger bei zwanzig Männern in einer Zelle. Wenn ich die Zelle betrete, rangeln sich die Häftlinge darum, wer mit mir reden darf, und es geht ihnen immer um sehr konkrete Hilfe – die Adresse ihrer Kinder herauszubekommen, ihre Frauen zu besuchen, den Termin ihrer Verhandlung zu erfahren, bestimmte Medikamente zu besorgen usw. usw. Was heißt es, für diese Menschen Seelsorger zu sein? Mir scheint, ich brauche nicht über das rein berufsmäßige Können hinauszugehen, um vier verschiedene Berufe auf einmal auszuüben!

Über das Organisieren:
Wären Sie Priester in den Ghettos gewesen, hätten Sie nie so dahergeredet. Sie haben das Wesentliche total verfehlt. Sie spielen mit der ganzen Fragestellung bloß herum. Sie empfehlen für eine notvolle Situation eine unrealistische innere Distanz.

Über das Feiern:
Was tut man mit Kindern, die nie in der freien Natur gelebt haben und es vermutlich auch nie tun werden? Was mit den Millionen Menschen, die in den immer weiter anschwellenden riesigen Städten leben? Wie sollen sie das Leben feiern können?

Ich weiß keine Antworten auf diese Fragen und Kritikpunkte. Sie illustrieren zweifellos und überzeugend die Tatsache, daß meine eigenen Gedanken ihre Grenzen haben. Aber ich hoffe, daß sie auch zeigen, wie wertvoll und notwendig es ist, seine Erfahrungen miteinander zu teilen. Das ist die Grundvoraussetzung dafür, daß die Suche nach einer Spiritualität der Seelsorge ernsthaft weitergeht.

Danksagung

Dieses Buch wäre niemals zustandegekommen, wenn ich dazu nicht von den Sommerschul-Studenten der Universität von Notre Dame gedrängt worden wäre. Mit ihrer Begeisterung haben sie mich zum Schreiben ermutigt, und während sechs heißer Wochen haben sie mir zum Durchhalten beim Schreiben geholfen. Sie haben mich auch lebendig erfahren lassen, daß man durchaus mit einer Prise Humor über Spiritualität reden kann.

Fertiggestellt wäre dieses Buch jedoch kaum worden, wenn mich nicht die Priester von Chicago mit ihrer aufrichtigen und offenen Kritik unterstützt und mich dazu gebracht hätten, verschiedene Aussagen noch einmal zu überdenken und einzelne Kapitel noch einmal zu überarbeiten.

Ich verdanke viel der Gastfreundschaft der Mitglieder der Moreau Community. Sie haben mir nicht nur ein ruhiges Zimmer zum Schreiben zur Verfügung gestellt, sondern mich auch mit ihrer Freundschaft unterstützt, wenn mir das Schreiben streckenweise schwerzufallen drohte. Besonders dankbar bin ich Louis Putz dafür, daß er mir angeboten hat, mich wie daheim zu fühlen; Jim Buckley danke ich für seine ständige Hilfe und Bob Antonelli für sein persönliches Interesse, das mir half, die toten Punkte zu überwinden.

Meine besondere Dankbarkeit möchte ich auch Charles Sheedy und Jim Burtchaell zum Ausdruck bringen dafür, daß sie mich zu diesen Vorlesungen eingeladen haben; Jack Egan und Don McNeill für ihre wertvollen Verbesserungsvorschläge und Betty Bartelme für ihre gekonnte Hilfe im Endstadium des Manuskripts.

Sehr dankbar bin ich auch Rita Gorkowski und Carolyn Dalsgaard, die viele Stunden damit verbracht haben, das Manuskript mehrmals neu zu tippen, und Jeff Sobosan, der so großzügig war, seine eigene schriftstellerische Arbeit zu unterbrechen und etliche Sätze, die mir mißraten sind, in Form zu bringen.

Die Frank J. Lewis Foundation, Förderverein des Programms für Pastoraltheologie an der Universität von Notre Dame, gewährte die finanzielle Unterstützung für die Erstellung dieses Textes.

Ich habe dieses Buch meinem Lehrer und Freund Seward Hiltner gewidmet, der mich in das Gebiet der Pastoraltheologie eingeführt hat; seiner Frau Helen und seiner Tochter Anne, die mir durch ihre Freundschaft und ihre Vertrauen vieles beigebracht haben; und seinem Sohn James Seward, der mir die Augen dafür geöffnet hat, daß es nicht so sehr darauf ankommt, wie lange unser Leben dauert, sondern mit welcher Intensität und Aufrichtigkeit wir es leben.

Henri J. Nouwen, Geheilt durch seine Wunden
Wege zu menschlicher Seelsorge.
Aus dem Amerikanischen von Radbert Kohlhaas.
1987. 144 Seiten. Paperback. ISBN 3-451-20853-9

„Nouwen schreibt klar gegliedert, bringt Beispiele, konkretisiert sein Anliegen und macht es auch dem Laien verständlich. Sicher zunächst an Priester gerichtet, eignet sich das Buch auch für alle an einer glaubwürdigen und zeitgerechten gemeindlichen Seelsorge interessierten Leser.“ (das neue buch, München)

„Ein für Seelsorger persönlich hilfreiches Buch, das zugleich zur selbstkritischen Begleitung der seelsorglichen Arbeit einlädt.“ (Würzburger Diözesanblatt)

Henri J. Nouwen, Seelsorge, die aus dem Herzen kommt
Christliche Menschenführung in der Zukunft.
Aus dem Amerikanischen von Bernardin Schellenberger.
1989. 80 Seiten. Paperback. ISBN 3-451-21442-3

„Dieser Vortrag ist eine Wohltat! Wie er entstanden ist – und was passierte, als er gehalten wurde, ist ein Kuriosum für sich, das man so nebenbei erfährt – aber sicher nicht so schnell vergißt.“ (Christ in der Gegenwart)

„Jeder spürt wohl, daß hier Grundlegendes, echt Christliches gesagt wird über den Seelsorger nach dem Herzen Jesu. Nachdenklich und dankbaren Herzens habe ich das Buch beiseite gelegt.“ (Glaube und Kirche)